ईश्वर के 100 नामों की काव्यात्मक व्याख्या

(महर्षि दयानन्द सरस्वती कृत सत्यार्थ-प्रकाश पर आधारित)

डॉ. राकेश कुमार आर्य

डायमंड बुक्स

www.diamondbooks.in

प्रकाशक : डायमंड पॉकेट बुक्स (प्रा.) लि.
X-30 ओखला इंडस्ट्रियल एरिया, फेस -II
नई दिल्ली- 110020
फोन : 011-40712200
ई-मेल : wecare@diamondbooks.in
वेबसाइट : www.diamondbooks.in
संस्करण : 2026
मुद्रक : रेप्रो (इंडिया)

Ishwar Ke 100 Namo Ki Kavyatmak Vyakhya

by : *Dr. Rakesh Kumar Arya*

प्रस्तावना

वेद एकेश्वरवाद का समर्थक है। स्वामी दयानंद जी महाराज ने स्पष्ट किया कि एक ईश्वर और एक ही सबकी धरती है तो एक ही सबका धर्म और एक ही सबकी भाषा होनी चाहिए। जब तक संसार में वेद प्रतिपादित वैदिक सनातन धर्म के आधार पर शासन और सामाजिक व्यवस्था चलती रही, तब तक सभी लोग एक ईश्वर, एक धर्म और एक भाषा के उपासक बने रहे। इसलिए धरती को बांटने में किसी ने रुचि नहीं दिखाई। स्वामी दयानंद जी द्वारा दिया गया यह विचार ही वह विचार है जो आज के विश्व की सारी समस्याओं का समाधान कर सकता है। इस दृष्टिकोण से यह स्पष्ट है कि जब ईश्वर, गॉड, अल्लाह, खुदा आदि के नाम पर 'अनेक' हो गया तो धरती को बांटने की प्रक्रिया भी आरंभ हो गई। मजहब के नाम पर अनेक ईश्वर तैयार किए गए और अपने-अपने हिस्से में अधिक से अधिक भूमि हड़पने की प्रक्रिया आरंभ की गई। इस मजहब के नाम पर धरती पर दो सौ से अधिक देश खड़े हो गए। वास्तव में यह प्रक्रिया व्यक्ति की स्वयं की महत्वाकांक्षा का परिणाम थी। धरती को बांटने की इस प्रक्रिया को आप मनुष्य की प्रगतिशीलता या उन्नति नहीं कह सकते बल्कि यह उसकी अवन्नति का प्रतीक है। उसके चिंतन की व्यापकता का नहीं अपितु संकीर्णता का प्रतीक है। इसके पश्चात अनेक धर्म और अनेक भाषाएं पैदा हुईं। इस प्रकार संसार से 'एकत्व' का भाव समाप्त हो गया।

कम्युनिस्ट इतिहासकारों की मान्यता है कि संसार में कभी कबीले हुआ करते थे, जो अपने-अपने वर्चस्व के लिए एक दूसरे के साथ खूनी संघर्ष किया करते थे। खूनी संघर्ष का वह दौर मनुष्य की पतन की अवस्था का प्रतीक है। धीरे-धीरे सभ्यता विकसित हुई और ये कबीले अपना अस्तित्व खो गए। उसके बाद से उन्नति आरंभ हुई। हमारा मानना है कि यदि थोड़ी देर के लिए कम्युनिस्ट इतिहासकारों की इस मान्यता को मान भी लिया जाए तो

भी कहा जा सकता है कि ये कबीले आज भी अपना अस्तित्व बनाए हुए हैं। अंतर केवल इतना आया है कि उस समय इनका स्वरूप छोटा था। आज ये मजहब के नाम पर सारे संसार को बांटने का काम कर रहे हैं और जो खूनी संघर्ष उस समय था, वही आज और भी भयंकर रूप में बना हुआ है। इससे स्पष्ट है कि मनुष्य प्रगतिशीलता की केवल काल्पनिक कहानी लिख रहा है। वास्तव में तो वह वहीं खड़ा है, जहां उसका काल्पनिक कबीला स्वरूप था। प्रगतिशीलता के नाम पर मनुष्य ने केवल कदमताल की है।

इसके दूसरी और तस्वीर का एक दूसरा पहलू भी है। जिसे आप सभ्यता का वैदिक दृष्टिकोण कह सकते हैं। वैदिक दृष्टिकोण से सभ्यता का विकास सृष्टि प्रारंभ में ही हुआ। मनुष्य धीरे-धीरे उन्नति करते हुए अपने वर्तमान स्वरूप में नहीं आया बल्कि उसने धीरे-धीरे अपने प्राचीन और वैभव संपन्न स्वरूप को खोया है। वर्तमान स्वरूप मनुष्य के लिए उसकी उन्नति का नहीं पतन का स्वरूप है। यह केवल इसलिए हुआ है कि मनुष्य ने वैदिक व्यवस्था को भुला दिया।

स्वामी दयानंद जी महाराज ने अपने अमर ग्रंथ 'सत्यार्थ प्रकाश' के प्रथम समुल्लास में ईश्वर के सौ नामों की व्याख्या की है। स्वामी जी महाराज का ईश्वर के सौ नामों की व्याख्या करने का उद्देश्य केवल यह था कि वे इस बात को अच्छी तरह समझ गए थे कि मजहब, संप्रदाय, मत, पंथ आदि के आधार पर जिस प्रकार अनेक ईश्वरों की व्यवस्था कर ली गई है, ये सृष्टि नियमों के और वेद प्रतिपादित सिद्धांतों के विपरीत है। इसके कारण ही समाज में विभिन्न प्रकार की विसंगतियों ने जन्म ले लिया है। इनका उपचार करने के लिए व्यक्ति को एक ईश्वर की शरण में लाने का प्रयास किया जाए। इसलिए भारत में सनातनी हिंदुओं के भीतर ही एक ईश्वर को अनेक ईश्वरों के रूप में मान्यता देने की चली आ रही कुरीति को स्वामी जी ने इन सौ नामों की व्याख्या के माध्यम से पूर्णविराम देने का प्रयास किया।

स्वामी दयानंद जी महाराज ने लोगों को बताया कि गणेश भी वही परमात्मा है, विष्णु भी वही परमात्मा है और शिव आदि भी वही परमात्मा है, जिसका निज नाम 'ओ३म्' है।

गुण-कर्म-स्वभाव के आधार पर लोग उसे अलग-अलग नामों से पुकारते हैं तो इसका अभिप्राय यह नहीं है कि ईश्वर खंड-खंड में विभाजित हो गया या अनेक ईश्वर मिलकर इस संसार को एक 'न्यूनतम साझा कार्यक्रम' की सरकार देकर चला रहे हैं। अपने मूल स्वरूप में परमपिता परमात्मा 'एक' है और वह सर्वशक्तिमान होकर अर्थात एक ऐसी सत्ता होकर जिसके ऊपर कोई नहीं है, जिसके समकक्ष कोई नहीं है, जिसका सजातीय कोई नहीं है

और जिसका विजातीय भी कोई नहीं है, इस संसार का नियमन कर रहा है। वह सभी का पिता है। सभी की माता है। सभी का बंधु है। सभी का सखा है। सभी का मित्र है और सभी के लिए उपासनीय है।

वह न्यायकारी है। न्याय करते समय कोई पक्षपात नहीं करता। जैसा जिसका कर्म होता है, वैसा ही उसको फल देता है। कर्म के अनुपात से न तो न्यून देता है और न ही अधिक देता है। यह उसका दयालु स्वरूप है।

स्वामी दयानंद जी महाराज के प्रयास को सकारात्मक दृष्टिकोण से न तो समझा गया और न ही समझाया गया। आर्य समाज ने भी अपने आप को उन पौराणिकों से धीरे-धीरे दूर करना आरंभ कर दिया जो अनेक ईश्वरों की मान्यता का शिकार थे और जो गणेश, शिव आदि की मूर्तियां बनाकर उनकी पूजा करते हुए सनातन धर्म को संप्रदायों में विभाजित कर रहे थे। जबकि होना यह चाहिए था कि आर्य समाज को अपने पौराणिक भाइयों के बीच रहकर उन्हें धीरे-धीरे समझाते रहने का प्रयास करते रहना चाहिए था। आर्य समाज के तीसरी, चौथी श्रेणी के कार्यकर्ताओं ने पौराणिक भाइयों के देवी-देवताओं को व्यंग्यात्मक भाषा में उच्चरित करना आरंभ किया। जिससे उनको कष्ट हुआ। उनकी इस प्रकार की मनोभावना का लाभ उन मठाधीशों ने उठाया, जिनसे स्वामी दयानंद जी महाराज का सीधा संघर्ष रहा था। फलस्वरूप उन मठाधीशों ने लोगों को समझाना आरंभ किया कि आर्य समाज तो नास्तिक है और भगवान को नहीं मानता। इसीलिए तुम्हारे देवी-देवताओं को व्यंग्यात्मक भाषा में उच्चरित करता है। तुम्हें चाहिए कि इन लोगों से दूरी बना लो। फलस्वरूप पौराणिक लोगों ने भी आर्य समाज को कोई अलग संप्रदाय मानकर चलना अच्छा समझा।

यह एक सर्वमान्य नियम है कि जब आप युद्ध क्षेत्र में काम कर रहे हों तो धनुर्धारी से धनुर्धारी लड़ता है, तलवार वाले से तलवार वाला लड़ता है, भाले वाले से भाले वाला लड़ता है।

आर्य समाज की लड़ाई मठाधीशों से थी। साधारण हिंदू से नहीं थी। साधारण हिंदू तो आर्य समाज के लिए अपना भाई था, जिसे अपने साथ मिलाकर आर्य समाज को उसका परिष्कार करना चाहिए था। मठाधीशों से लड़ाई साधारण हिंदू की ओर चली गई।

इस प्रकार लड़ाई की दिशा बदल गई। आज आर्य समाज को उन मठाधीशों को ही चुनौती देनी चाहिए जो वेद विरुद्ध आचरण करते हुए सनातन को कमजोर करने का प्रयास कर रहे हैं। साधारण हिंदू को तो केवल यह बात समझानी है कि गलती कहां पर हो रही है

और मठाधीशों का इस गलती में कितना योगदान है? आर्य समाज की ओर से इस कार्य को हर आर्य कार्यकर्ता नहीं कर सकता। उसे यह अधिकार भी नहीं है कि वह इस प्रकार का कार्य करे। इस कार्य के लिए हमारे पास वैदिक विद्वानों का होना आवश्यक है। उनका शास्त्रार्थ उन लोगों से कराया जाना अपेक्षित है, जो वेद विरुद्ध कुरीतियां समाज में फैला रहे हैं।

स्वामी दयानंद जी महाराज द्वारा ईश्वर के जिन सौ नामों की व्याख्या 'सत्यार्थ प्रकाश' में की गई है उन्हें मेरे द्वारा इस पुस्तक के माध्यम से पद्यात्मक शैली में सरल भाषा में प्रस्तुत करने का प्रयास किया गया है। जिससे कि जनसाधारण इनका अर्थ समझ सके। प्रत्येक नाम की व्याख्या के साथ यह भी ध्यान रखा गया है कि उसमें कुछ भक्ति भाव भी आ जाए। जिससे आत्म कल्याण का रास्ता प्रशस्त हो सके। पुस्तक के प्रारंभ में ही स्वामी दयानंद जी महाराज द्वारा प्रस्तुत किए गए सौ नामों की व्याख्या को भी दे दिया गया है। जिससे कि पाठक को स्वामी जी के द्वारा ईश्वर के सौ नामों की व्याख्या को भी समझने में सुविधा हो सके।

पुस्तक के लिए परमपिता परमेश्वर का धन्यवाद ज्ञापित करता हूं जिनकी असीम अनुकंपा से इस पुस्तक के लेखन का कार्य संपन्न हो सका। इसके अतिरिक्त अपने पूज्य पिता स्वर्गीय म. राजेंद्र सिंह आर्य जी और पूज्या माता श्रीमती सत्यवती आर्या जी के शुभ आशीर्वाद के साथ-साथ अपने ज्येष्ठ भ्राता जी मेजर वीरसिंह आर्य जी और देवेंद्रसिंह आर्य जी (वरिष्ठ अधिवक्ता एवं अध्यक्ष उगता भारत समाचार पत्र) के आशीर्वाद को भी नमन करता हूं। इसके अतिरिक्त डायमंड पॉकेट बुक्स के अध्यक्ष श्री नरेंद्र वर्मा जी का भी विशेष धन्यवाद है, जिन्होंने इस पुस्तक को यथाशीघ्र आप सबके कर कमल में पहुंचाने में अपना महत्वपूर्ण योगदान दिया।

आशा करता हूं कि आपको मेरा यह प्रयास निश्चय ही सार्थक प्रतीत होगा।

दिनांक : 3 दिसंबर 2025

भवदीय:

डॉ. राकेश कुमार आर्य
दयानंद स्ट्रीट, सत्यराज भवन, (महर्षि दयानंद वाटिका के पास)
निवास : सी ई 121, अंसल गोल्फ लिंक-2, तिलपता चौक, ग्रेटर नोएडा,
जनपद-गौतमबुद्धनगर, पिन 201309 उत्तर प्रदेश, (भारत)
चलभाष : 9911169917
Email : ugtabharat@gmail.com

प्रवेशिका

स्वामी दयानंद कृत 'सत्यार्थ प्रकाश' में ईश्वर के सौ नामों की व्याख्या

अथ ओङ्कारार्थः

1. 'वि' उपसर्गपूर्वक (राजृ दीप्तौ) इस धातु से क्विप् प्रत्यय करने से 'विराट्' शब्द सिद्ध होता है। 'यो विविधं नाम चराऽचरं जगद्राजयति प्रकाशयति स विराट्' विविध अर्थात् जो बहु प्रकार के जगत् को प्रकाशित करे, इससे 'विराट्' नाम से परमेश्वर का ग्रहण होता है।

2. (अञ्चु गतिपूजनयोः) (अग, अगि, इण् गत्यर्थक) धातु हैं, इनसे 'अग्नि' शब्द सिद्ध होता है। 'गतेस्त्रयोऽर्थाः ज्ञानं गमनं प्राप्तिश्चेति, पूजनं नाम सत्कारः।' 'योऽञ्चति, अच्यतेऽगत्यङ्गत्येति सोऽयमग्निः 'जो ज्ञानस्वरूप, सर्वज्ञ, जानने, प्राप्त होने और पूजा करने योग्य है, इससे उस परमेश्वर का नाम 'अग्नि' है।

3. (विश प्रवेशने) इस धातु से 'विश्व' शब्द सिद्ध होता है। 'विशन्ति प्रविष्टानि सर्वाण्याकाशादीनि भूतानि यस्मिन्। यो वाऽऽकाशादिषु सर्वेषु भूतेषु प्रविष्टः स विश्व ईश्वरः' जिस में आकाशादि सब भूत प्रवेश कर रहे हैं अथवा जो इन में व्याप्त होके प्रविष्ट हो रहा है, इसलिए उस परमेश्वर का नाम 'विश्व' है, इत्यादि नामों का ग्रहण अकारमात्र से होता है।

4. 'ज्योतिर्वै हिरण्यं, तेजो वै हिरण्यमित्यैतरेयशतपथब्राह्मणे' 'यो हिरण्यानां सूर्यादीनां तेजसां गर्भ उत्पत्तिनिमित्तमधिकरणं स हिरण्यगर्भः' जिसमें सूर्य्यादि तेज वाले लोक उत्पन्न होके जिसके आधार रहते हैं अथवा जो सूर्यादि तेजः स्वरूप पदार्थों का गर्भ नाम, (उत्पत्ति) और निवास स्थान है, इससे उस परमेश्वर का नाम 'हिरण्यगर्भ' है। इसमें यजुर्वेद के मन्त्र का प्रमाण-हिरण्यगर्भः समवर्त्तताये भूतस्य जातः पतिरेक आसीत्। स दाधार पृथिवीं द्यामुतेमां कस्मै देवाय हविर्षा विधेम॥ इत्यादि स्थलों में 'हिरण्यगर्भ' से परमेश्वर ही का ग्रहण होता है।

5. (वा गतिगन्धनयोः) इस धातु से 'वायु' शब्द सिद्ध होता है। (गन्धनं हिंसनम्) 'यो वाति चराऽचरञ्जगद्धरति बलिनां बलिष्ठः स वायुः' जो चराऽचर जगत् का धारण, जीवन और प्रलय करता और सब बलवानों से बलवान् है, इससे उस ईश्वर का नाम 'वायु' है।

6. (तिज निशाने) इस धातु से 'तेजः' और इससे तद्धित करने से 'तैजस' शब्द सिद्ध होता है। जो आप स्वयं प्रकाश और सूर्य्यादि तेजस्वी लोकों का प्रकाश करने वाला है, इससे ईश्वर का नाम 'तैजस' है। इत्यादि नामार्थ उकारमात्र से ग्रहण होते हैं।

7. (ईश ऐश्वर्ये) इस धातु से 'ईश्वर' शब्द सिद्ध होता है। 'य ईष्टे सर्वेश्वर्यवान् वर्त्तते स ईश्वरः जिस का सत्य विचारशील ज्ञान और अनन्त ऐश्वर्य है, इससे उस परमात्मा का नाम 'ईश्वर' है।

8, 9.(दो अवखण्डने) इस धातु से 'अदिति' और इससे तद्धित करने से 'आदित्य' शब्द सिद्ध होता है। 'न विद्यते विनाशो यस्य सोऽयमदितिः, अदितिरेव आदित्यः' जिसका विनाश कभी न हो उसी ईश्वर की 'आदित्य' संज्ञा है।

10.11.(ज्ञा अवबोधने) 'प्र' पूर्वक इस धातु से 'प्रज्ञ' और इससे तद्धित करने से 'प्राज्ञ' शब्द सिद्ध होता है। 'यः प्रकृष्टतया चराऽचरस्य जगतो व्यवहारं जानाति स प्रज्ञः, प्रज्ञ एव प्राज्ञः' जो निर्भ्रांत ज्ञानयुक्त सब चराऽचर जगत् के व्यवहार को यथावत् जानता है, इससे ईश्वर का नाम 'प्राज्ञ' है। इत्यादि नामार्थ मकार से गृहीत होते हैं। जैसे एक-एक मात्रा से तीन-तीन अर्थ यहाँ व्याख्यात किये हैं वैसे ही अन्य नामार्थ भी ओङ्कार से जाने जाते हैं।

जो (शन्नो मित्रः शं व.) इस मन्त्र में मित्रादि नाम हैं वे भी परमेश्वर के हैं, क्योंकि स्तुति, प्रार्थना, उपासना श्रेष्ठ ही की जाती है। श्रेष्ठ उसको कहते हैं जो अपने गुण, कर्म, स्वभाव और सत्य-सत्य व्यवहारों में सब से अधिक हो। उन सब श्रेष्ठों में भी जो अत्यन्त श्रेष्ठ उस को परमेश्वर कहते हैं। जिस के तुल्य न कोई हुआ, न है और न होगा। जब तुल्य नहीं तो उससे अधिक क्योंकर हो सकता है? जैसे परमेश्वर के सत्य, न्याय, दया, सर्वसामर्थ्य और सर्वज्ञत्वादि अनन्त गुण हैं, वैसे अन्य किसी जड़ पदार्थ वा जीव के नहीं हैं। जो पदार्थ सत्य है, उस के गुण, कर्म्म, स्वभाव भी सत्य ही होते हैं। इसलिये सब मनुष्यों को योग्य है कि परमेश्वर ही की स्तुति, प्रार्थना और उपासना करें, उससे भिन्न की कभी न करें। क्योंकि ब्रह्मा, विष्णु, महादेव नामक पूर्वज महाशय विद्वान्, दैत्य दानवादि निकृष्ट मनुष्य और अन्य साधारण मनुष्यों ने भी परमेश्वर ही में विश्वास करके उसी की स्तुति, प्रार्थना और उपासना करी, उससे भिन्न की नहीं की।

वैसे हम सब को करना योग्य है। इस का विशेष विचार मुक्ति और उपासना के विषय में किया जायगा।

(प्रश्न) मित्रादि नामों से सखा और इन्द्रादि देवों के प्रसिद्ध व्यवहार देखने से उन्हीं का ग्रहण करना चाहिए।

(उत्तर) यहाँ उन का ग्रहण करना योग्य नहीं, क्योंकि जो मनुष्य किसी का मित्र है, वही अन्य का शत्रु और किसी से उदासीन भी देखने में आता है। इससे मुख्यार्थ में सखा आदि का ग्रहण नहीं हो सकता, किन्तु जैसा परमेश्वर सब जगत् का निश्चित मित्र, न किसी का शत्रु और न किसी से उदासीन है, इस से भिन्न कोई भी जीव इस प्रकार का कभी नहीं हो सकता। इसलिये परमात्मा ही का ग्रहण यहाँ होता है। हाँ, गौण अर्थ में मित्रादि शब्द से सुहृदादि मनुष्यों का ग्रहण होता है।

12. (जिमिदा स्नेहने) इस धातु से औणादिक 'क्त्र' प्रत्यय के होने से 'मित्र' शब्द सिद्ध होता है। 'मेद्यति, स्निह्यति स्निह्यते वा स मित्रः' जो सब से स्नेह करके और सब को प्रीति करने योग्य है, इस से उस परमेश्वर का नाम 'मित्र' है।

13. (वृञ् वरणे, वर ईप्सायाम्) इन धातुओं से उणादि 'उनन्' प्रत्यय होने से 'वरुण' शब्द सिद्ध होता है। 'यः सर्वान् शिष्टान् मुमुक्षुन्धर्मात्मनो वृणोत्यथवा शिष्टैर्मुमुक्षुभिर्धर्मात् मभिव्रियते वर्य्यते वा स वरुणः परमेश्वरः' जो आत्मयोगी, विद्वान्, मुक्ति की इच्छा करने वाले मुक्त और धर्मात्माओं का स्वीकारकर्त्ता, अथवा जो शिष्ट मुमुक्षु मुक्त और धर्मात्माओं से ग्रहण किया जाता है वह ईश्वर 'वरुण' संज्ञक है। अथवा 'वरुणो नाम वरः श्रेष्ठः' जिसलिए परमेश्वर सब से श्रेष्ठ है, इसीलिए उस का नाम 'वरुण' है।

14. (ऋ गतिप्रापणयोः) इस धातु से 'यत्' प्रत्यय करने से 'अर्य्य' शब्द सिद्ध होता है और 'अर्य्य' पूर्वक (माङ् माने) इस धातु से 'कनिन्' प्रत्यय होने से 'अर्य्यमा' शब्द सिद्ध होता है। 'योऽर्य्यान् स्वामिनो न्यायाधीशान् मिमीते मान्यान् करोति सोऽर्यमा' जो सत्य न्याय के करनेहारे मनुष्यों का मान्य और पाप तथा पुण्य करने वालों को पाप और पुण्य के फलों का यथावत् सत्य-सत्य नियमकर्ता है, इसी से उस परमेश्वर का नाम 'अर्य्यमा' है।

15. (इदि परमैश्वर्ये) इस धातु से 'रन्' प्रत्यय करने से 'इन्द्र' शब्द सिद्ध होता है। 'य इन्दति परमैश्वर्यवान् भवति स इन्द्रः परमेश्वरः' जो अखिल ऐश्वर्ययुक्त है, इस से उस परमात्मा का नाम 'इन्द्र' है।

16. 'बृहत्' शब्दपूर्वक (पा रक्षणे) इस धातु से 'डति' प्रत्यय, बृहत् के तकार का लोप और सुडागम होने से 'बृहस्पति' शब्द सिद्ध होता है। 'यो बृहतामाकाशादीनां पतिः

स्वामी पालयिता स बृहस्पतिः' जो बड़ों से भी बड़ा और बड़े आकाशादि ब्रह्माण्डों का स्वामी है, इस से उस परमेश्वर का नाम 'बृहस्पति' है।

17. (विष्लृ व्याप्तौ) इस धातु से 'नु' प्रत्यय होकर 'विष्णु' शब्द सिद्ध हुआ है। 'वेवेष्टि व्याप्नोति चराऽचरं जगत् स विष्णुः' चर और अचररूप जगत् में व्यापक होने से परमात्मा का नाम 'विष्णु' है।

18. 'उरुर्महान् क्रमः पराक्रमो यस्य स उरुक्रमः' अनन्त पराक्रमयुक्त होने से परमात्मा का नाम 'उरुक्रम' है। जो परमात्मा (उरुक्रमः) महापराक्रमयुक्त (मित्रः) सब का सुहत् अविरोधी है, वह (शम्) सुखकारक, वह (वरुणः) सर्वोत्तम (शम्) सुखस्वरूप, वह (अर्यमा) (शम्) सुखप्रचारक, वह (इन्द्रः) (शम्) सकल ऐश्वर्यदायक, वह (बृहस्पतिः) सब का अधिष्ठाता (शम्) विद्याप्रद और (विष्णुः) जो सब में व्यापक परमेश्वर है, वह (नः) हमारा कल्याणकारक (भवतु) हो।

19. (वायो ते ब्रह्मणे नमोऽस्तु) (बृह बृहि वृद्धौ) इन धातुओं से 'ब्रह्म' शब्द सिद्ध हुआ है। जो सब के ऊपर विराजमान, सब से बड़ा, अनन्तबलयुक्त परमात्मा है, उस ब्रह्म को हम नमस्कार करते हैं। हे परमेश्वर! (त्वमेव प्रत्यक्षं ब्रह्मासि) आप ही अन्तर्यामिरूप से प्रत्यक्ष ब्रह्म हो (त्वामेव प्रत्यक्षं ब्रह्म वदिष्यामि) मैं आप ही को प्रत्यक्ष ब्रह्म कहूँगा, क्योंकि आप सब जगह में व्याप्त होके सब को नित्य ही प्राप्त हैं (ऋतं वदिष्यामि जो आपकी वेदस्थ यथार्थ आज्ञा है उसी को मैं सब के लिए उपदेश और आचरण भी करूँगा, (सत्यं वदिष्यामि) सत्य बोलूँ, सत्य मानूं और सत्य ही करूँगा (तन्मामवतु) सो आप मेरी रक्षा कीजिए (तद्वक्तारमवतु) सो आप मुझ आप्त सत्यवक्ता की रक्षा कीजिए कि जिस से आप की आज्ञा में मेरी बुद्धि स्थिर होकर, विरुद्ध कभी न हो। क्योंकि जो आपकी आज्ञा है, वही धर्म और जो विरुद्ध, वही अधर्म है। 'अवतु मामवतु वक्तारम्' यह दूसरी वार पाठ अधिकार्थ के लिये है। जैसे 'कश्चित् कञ्चित् प्रति वदति त्वं ग्रामं गच्छ गच्छ' इसमें दो वार क्रिया के उच्चारण से तू शीघ्र ही ग्राम को जा ऐसा सिद्ध होता है। ऐसे ही यहाँ कि आप मेरी अवश्य रक्षा करो अर्थात् धर्म में सुनिश्चित और अधर्म से घृणा सदा करूँ, ऐसी कृपा मुझ पर कीजिए। मैं आपका बड़ा उपकार मानूँगा।

(ओ३म् शान्तिः शान्तिः शान्तिः) इस में तीन वार शान्तिपाठ का यह प्रयोजन है कि त्रिविध ताप अर्थात् इस संसार में तीन प्रकार के दुःख हैं-एक 'आध्यात्मिक' जो आत्मा शरीर में अविद्या, राग, द्वेष, मूर्खता और ज्वर पीड़ादि होते हैं। दूसरा 'आधिभौतिक' जो शत्रु, व्याघ्र और सर्पादि से प्राप्त होता है। तीसरा 'आधिदैविक'

अर्थात् जो अतिवृष्टि, अतिशीत, अति उष्णता, मन और इन्द्रियों की अशान्ति से होता है। इन तीन प्रकार के क्लेशों से आप हम लोगों को दूर करके कल्याणकारक कर्मों में सदा प्रवृत्त रखिए। क्योंकि आप ही कल्याणस्वरूप, सब संसार के कल्याणकर्त्ता और धार्मिक मुमुक्षुओं को कल्याण के दाता हैं। इसलिए आप स्वयम् अपनी करुणा से सब जीवों के हृदय में प्रकाशित हूजिए कि जिस से सब जीव धर्म का आचरण और अधर्म को छोड़के परमानन्द को प्राप्त हों और दुःखों से पृथक् रहें।

'सूर्य्य आत्मा जगतस्तस्थुषश्च'

20. इस यजुर्वेद के वचन से जो जगत् नाम प्राणी, चेतन और जंगम अर्थात् चलते-फिरते हैं, 'तस्थुषः' अप्राणी अर्थात् स्थावर जड़ अर्थात् पृथिवी आदि हैं, उन सब के आत्मा होने और स्वप्रकाशरूप सब के प्रकाश करने से परमेश्वर का नाम 'सूर्य्य' है।

21, 22. (अत सातत्यगमने) इस धातु से 'आत्मा' शब्द सिद्ध होता है। 'योऽतति व्याप्नोति स आत्मा' जो सब जीवादि जगत् में निरन्तर व्यापक हो रहा है। 'परश्चासावात्मा च य आत्मभ्यो जीवेभ्यः सूक्ष्मेभ्यः परोऽतिसूक्ष्मः स परमात्मा' जो सब जीव आदि से उत्कृष्ट और जीव, प्रकृति तथा आकाश से भी अतिसूक्ष्म और सब जीवों का अन्तर्यामी आत्मा है, इससे ईश्वर का नाम 'परमात्मा' है।

23. सामर्थ्यवाले का नाम ईश्वर है। 'य ईश्वरेषु समर्थेषु परमः श्रेष्ठः स परमेश्वरः' जो ईश्वरों अर्थात् समर्थों में समर्थ, जिस के तुल्य कोई भी न हो, उस का नाम 'परमेश्वर' है।

24. (षूञ् अभिषवे,षूङ् प्राणिगर्भविमोचने) इन धातुओं से 'सविता' शब्द सिद्ध होता है। 'अभिषवः प्राणिगर्भविमोचनं चोत्पादनम्। यश्चराचरं जगत् सुनोति सूते वोत्पादयति स सविता परमेश्वरः' जो सब जगत् की उत्पत्ति करता है, इसलिए परमेश्वर का नाम 'सविता' है।

25. (दिवु क्रीडाविजिगीषाव्यवहारद्युतिस्तुतिमोदमदस्वप्नकान्तिगतिषु) इस धातु से 'देव' शब्द सिद्ध होता है। (क्रीडा) जो शुद्ध जगत् को क्रीडा कराने (विजिगीषा) धार्मिकों को जिताने की इच्छायुक्त (व्यवहार) सब चेष्टा के साधनोप-साधनों का दाता (द्युति) स्वयंप्रकाशस्वरूप, सब का प्रकाशक (स्तुति) प्रशंसा के योग्य (मोद) आप आनन्दस्वरूप और दूसरों को आनन्द देनेहारा (मद) मदोन्मत्तों का ताड़नेहारा (स्वप्न) सब के शयनार्थ रात्रि और प्रलय का करनेहारा (कान्ति) कामना के योग्य और (गति) ज्ञानस्वरूप है, इसलिये उस परमेश्वर का नाम 'देव' है। अथवा 'यो दीव्यति क्रीडति स देवः' जो अपने स्वरूप में आनन्द से आप ही क्रीडा करे अथवा किसी के सहाय के विना क्रीडावत् सहज स्वभाव से सब जगत् को बनाता वा सब

क्रीडाओं का आधार है। 'विजिगीषते स देवः' जो सब का जीतनेहारा, स्वयम् अजेय अर्थात् जिस को कोई भी न जीत सके। 'व्यवहारयति स देवः' जो न्याय और अन्यायरूप व्यवहारों का जनाने और उपदेष्टा।' 'यश्चराचरं जगत् द्योतयति' जो सब का प्रकाशक। 'यः स्तूयते स देवः' जो सब मनुष्यों को प्रशंसा के योग्य और निन्दा के योग्य न हो। 'यो मोदयति स देवः' जो स्वयम् आनन्दस्वरूप और दूसरों को आनन्द कराता, जिस को दुःख का लेश भी न हो। 'यो माद्यति स देवः' जो सदा हर्षित, शोक रहित और दूसरों को हर्षित करने और दुःखों से पृथक् रखनेवाला। 'यः स्वापयति स देवः' जो प्रलय समय अव्यक्त में सब जीवों को सुलाता। 'यः कामयते काम्यते वा स देवः' जिस के सब सत्य काम और जिस की प्राप्ति की कामना सब शिष्ट करते हैं। 'यो गच्छति गम्यते वा स देवः' जो सब में व्याप्त और जानने के योग्य है, इस से उस परमेश्वर का नाम 'देव' है।

26. (कुबि आच्छादने) इस धातु से 'कुबेर' शब्द सिद्ध होता है। 'यः सर्वं शब्द सिद्ध होता है। 'गतेस्त्रयोऽर्थाः ज्ञानं गमनं प्राप्तिश्चेति, पूजनं नाम सत्कारः।' 'योऽञ्चति, अच्यतेऽगत्यङ्गत्येति सोऽयमग्निः' जो ज्ञानस्वरूप, सर्वज्ञ, जानने, प्राप्त होने और पूजा करने योग्य है, इससे उस परमेश्वर का नाम 'अग्नि' है।

27. (पृथु विस्तारे) इस धातु से 'पृथिवी' शब्द सिद्ध होता है।' 'यः पर्थति सर्वं जगद्विस्तृणाति तस्मात् स पृथिवी' जो सब विस्तृत जगत् का विस्तार करने वाला है, इसलिए उस ईश्वर का नाम 'पृथिवी' है।

28. (जल घातने) इस धातु से 'जल' शब्द सिद्ध होता है, 'जलति घातयति दुष्टान् सङ्घातयति अव्यक्तपरमाण्वादीन् तद् ब्रह्म जलम्' जो दुष्टों का ताड़न और अव्यक्त तथा परमाणुओं का अन्योऽन्य संयोग वा वियोग करता है, वह परमात्मा 'जल' संज्ञक कहाता है।

29. (काशृ दीप्तौ) इस धातु से 'आकाश' शब्द सिद्ध होता है, 'यः सर्वतः सर्वं जगत् प्रकाशयति स आकाशः' जो सब ओर से सब जगत् का प्रकाशक है, इसलिए उस परमात्मा का नाम 'आकाश' है।

30, 31, 32 . (अद् भक्षणे) इस धातु से 'अन्न' शब्द सिद्ध होता है। अद्यतेऽत्ति च भूतानि तस्मादन्नं तदुच्यते। अहमन्नमहमन्नमहमन्नम्। अहमन्नादोऽहमन्नादोऽहमन्नादः॥ अत्ता चराऽचरग्रहणात् ॥ तैत्ति. उपनि.।

यह व्यासमुनिकृत शारीरक सूत्र है।

जो सब को भीतर रखने, सब को ग्रहण करने योग्य, चराऽचर जगत् का ग्रहण करने वाला है, इस से ईश्वर के 'अन्न', 'अन्नाद' और 'अत्ता' नाम हैं। और जो इस में तीन

वार पाठ है सो आदर के लिए है। जैसे गूलर के फल में कृमि उत्पन्न होके उसी में रहते और नष्ट हो जाते हैं, वैसे परमेश्वर के बीच में सब जगत् की अवस्था है।

33. (वस निवासे) इस धातु से 'वसु' शब्द सिद्ध हुआ है। 'वसन्ति भूतानि यस्मिन्नथवा यः सर्वेषु वसति स वसुरीश्वरः' जिसमें सब आकाशादि भूत वसते हैं और जो सब में वास कर रहा है, इसलिए उस परमेश्वर का नाम 'वसु' है।

34. (रुदिर् अश्रुविमोचने) इस धातु से 'णिच्' प्रत्यय होने से 'रुद्र' शब्द सिद्ध होता है। 'यो रोदयत्यन्यायकारिणो जनान् स रुद्रः' जो दुष्ट कर्म करनेहारों को रुलाता है, इससे परमेश्वर का नाम 'रुद्र' है।

यन्मनसा ध्यायति तद्वाचा वदति, यद्वाचा वदति तत् कर्मणा करोति यत् कर्मणा करोति तदभिसम्पद्यते ॥ यह यजुर्वेद के ब्राह्मण का वचन है।

जीव जिस का मन से ध्यान करता उस को वाणी से बोलता, जिस को वाणी से बोलता उस को कर्म से करता, जिस को कर्म से करता उसी को प्राप्त होता है। इस से क्या सिद्ध हुआ कि जो जीव जैसा कर्म करता है वैसा ही फल पाता है। जब दुष्ट कर्म करनेवाले जीव ईश्वर की न्यायरूपी व्यवस्था से दुःखरूप फल पाते, तब रोते हैं और इसी प्रकार ईश्वर उन को रुलाता है, इसलिए परमेश्वर का नाम 'रुद्र' है।

35. **आपो नारा इति प्रोक्ता आपो वै नरसूनवः।**
ता यदस्यायनं पूर्वं तेन नारायणः स्मृतः॥ मनु. अ. 1। श्लोक 10॥
जल और जीवों का नाम नारा है, वे अयन अर्थात् निवासस्थान हैं, जिसका इसलिए सब जीवों में व्यापक परमात्मा का नाम 'नारायण' है।

36. (चदि आह्लादे) इस धातु से 'चन्द्र' शब्द सिद्ध होता है। 'यश्चन्दति चन्दयति वा स चन्द्रः' जो आनन्दस्वरूप और सब को आनन्द देनेवाला है, इसलिए ईश्वर का नाम 'चन्द्र' है।

37. (मगि गत्यर्थक) धातु से 'मङ्गेरलच्' इस सूत्र से 'मङ्गल' शब्द सिद्ध होता है। 'यो मङ्गति मङ्गयति वा स मङ्गलः' जो आप मङ्गलस्वरूप और सब जीवों के मङ्गल का कारण है, इसलिए उस परमेश्वर का नाम 'मङ्गल' है।

38. (बुध अवगमने) इस धातु से 'बुध' शब्द सिद्ध होता है। 'यो बुध्यते:' जो स्वयं बोधस्वरूप और सब जीवों के बोध का कारण बोध्यते वा स बुधः' है। इसलिए उस परमेश्वर का नाम 'बुध' है। 'बृहस्पति' शब्द का अर्थ कह दिया।

39. (ईशुचिर् पूतीभावे) इस धातु से 'शुक्र' शब्द सिद्ध हुआ है। 'यः शुच्यति शोचयति वा स शुक्रः' जो अत्यन्त पवित्र और जिसके संग से जीव भी भी पवित्र। हो जाता है, इसलिये ईश्वर का नाम 'शुक्र' है।

40. (चर गतिभक्षणयोः) इस धातु से 'शनैस्' अव्यय उपपद होने से 'शनैश्चर' शब्द सिद्ध हुआ है। 'यः शनैश्चरति स शनैश्चरः' जो सब में सहज से प्राप्त धैर्यवान् है, इससे उस परमेश्वर का नाम 'शनैश्चर' है।

41. (रह त्यागे) इस धातु से 'राहु' शब्द सिद्ध होता है। 'यो रहति परित्यजति दुष्टान् राहयति त्याजयति स राहुरीश्वरः'। जो एकान्तस्वरूप जिसके स्वरूप में दूसरा पदार्थ संयुक्त नहीं, जो दुष्टों को छोड़ने और अन्य को छुड़ाने हारा है, इससे परमेश्वर का नाम 'राहु' है।

42. (कित निवासे रोगापनयने च) इस धातु से 'केतु' शब्द सिद्ध होता है। 'यः केतयति चिकित्सति वा स केतुरीश्वरः' जो सब जगत् का निवासस्थान, सब रोगों से रहित और मुमुक्षुओं को मुक्ति समय में सब रोगों से छुड़ाता है, इसलिए उस परमात्मा का नाम 'केतु' है।

43. (यज देवपूजासङ्गतिकरणदानेषु) इस धातु से 'यज्ञ' शब्द सिद्ध होता है। 'यज्ञो वै विष्णुः' यह ब्राह्मण ग्रन्थ का वचन है। 'यो यजति विद्वद्भिरिज्यते वा स यज्ञः' जो सब जगत् के पदार्थों को संयुक्त करता और सब विद्वानों का पूज्य है, और ब्रह्मा से लेके सब ऋषि मुनियों का पूज्य था, है और होगा, इससे उस परमात्मा का नाम 'यज्ञ' है, क्योंकि वह सर्वत्र व्यापक है।

44. (हुदानाऽदनयोः, आदाने चेत्येके) इस धातु से 'होता' शब्द सिद्ध हुआ है। 'यो जुहोति स होता' जो जीवों को देने योग्य पदार्थों का दाता और ग्रहण करने योग्यों का ग्राहक है, इससे उस ईश्वर का नाम 'होता' है।

45. (बन्ध बन्धने) इससे 'बन्धु' शब्द सिद्ध होता है। 'यः स्वस्मिन् चराचरं जगद् बध्नाति बन्धुवद्धर्मात्मनां सुखाय सहायो वा वर्त्तते स बन्धुः' जिस ने अपने में सब लोकलोकान्तरों को नियमों से बद्ध कर रक्खे और सहोदर के समान सहायक है, इसी से अपनी-अपनी परिधि वा नियम का उल्लंघन नहीं कर सकते। जैसे भ्राता भाइयों का सहायकारी होता है, वैसे परमेश्वर भी पृथिव्यादि लोकों के धारण, रक्षण और सुख देने से 'बन्धु' संज्ञक है।

46. (पा रक्षणे) इस धातु से 'पिता' शब्द सिद्ध हुआ है। 'यः पाति सर्वान् स पिता' जो सब का रक्षक जैसा पिता अपने सन्तानों पर सदा कृपालु होकर उन की उन्नति चाहता है, वैसे ही परमेश्वर सब जीवों की उन्नति चाहता है, इस से उसका नाम 'पिता' है।

47. 'यः पितृणां पिता स पितामहः' जो पिताओं का भी पिता है, इससे उस परमेश्वर का नाम 'पितामहः' है।

48. 'यः पितामहानां पिता स प्रपितामहः' जो पिताओं के पितरों का पिता है, इससे परमेश्वर का नाम 'प्रपितामह' है।

49. 'यो मिमीते मानयति सर्वाञ्जीवान् स माता' जैसे पूर्णकृपायुक्त जननी अपने सन्तानों का सुख और उन्नति चाहती है, वैसे परमेश्वर भी सब जीवों की बढ़ती चाहता है, इस से परमेश्वर का नाम 'माता' है।

50. (चर गतिभक्षणयोः) आङ्पूर्वक इस धातु से 'आचार्य्य' शब्द सिद्ध होता है। 'य आचारं ग्राहयति, सर्वा विद्या बोधयति स आचार्य ईश्वरः' जो सत्य आचार का ग्रहण करानेहारा और सब विद्याओं की प्राप्ति का हेतु होके सब विद्या प्राप्त कराता है, इससे परमेश्वर का नाम 'आचार्य' है।

51. (गॄ शब्दे) इस धातु से 'गुरु' शब्द बना है। 'यो धर्यान् शब्दान् गृणात्युपदिशति स गुरुः' 'स पूर्वेषामपि गुरुः कालेनानवच्छेदात्। योग.। जो सत्यधर्मप्रतिपादक, सकल विद्यायुक्त वेदों का उपदेश करता, सृष्टि की आदि में अग्नि, वायु, आदित्य, अङ्गिरा और ब्रह्मादि गुरुओं का भी गुरु और जिसका नाश कभी नहीं होता, इसलिए उस परमेश्वर का नाम 'गुरु' है।

52. (अज गतिक्षेपणयोः, जनी प्रादुर्भावे) इन धातुओं से 'अज' शब्द बनता है। 'योऽजति सृष्टि प्रति सर्वान् प्रकृत्यादीन् पदार्थान् प्रक्षिपति, जानाति, जनयति च कदाचिन्न जायते सोऽजः' जो सब प्रकृति के अवयव आकाशादि भूत परमाणुओं को यथायोग्य मिलाता, जानता, शरीर के साथ जीवों का सम्बन्ध करके जन्म देता और स्वयं कभी जन्म नहीं लेता, इससे उस ईश्वर का नाम 'अज' है।

53. (बृह बृहि वृद्धौ) इन धातुओं से 'ब्रह्मा' शब्द सिद्ध होता है। 'योऽखिलं जगन्निर्माणेन बर्हति वर्द्धयति स ब्रह्मा' जो सम्पूर्ण जगत् को रच के बढ़ाता है, इसलिए परमेश्वर का नाम 'ब्रह्मा' है।

54, 55, 56. 'सत्यं ज्ञानमनन्तं ब्रह्म' यह तैत्तिरीयोपनिषद् का वचन है। 'सन्तीति सन्तस्तेषु सत्सु साधु तत्सत्यम्। यज्जानाति चराऽचरं जगत्तज्ज्ञानम्। न विद्यतेऽन्तो ऽवधिर्मर्यादा यस्य तदनन्तम्। सर्वेभ्यो बृहत्त्वाद् ब्रह्म' जो पदार्थ हों उनको सत् कहते हैं, उनमें साधु होने से परमेश्वर का नाम 'सत्य' है। जो जाननेवाला है, इससे परमेश्वर का नाम 'ज्ञान' है। जिसका अन्त अवधि मर्यादा अर्थात् इतना लम्बा, चौड़ा, छोटा, बड़ा है, ऐसा परिमाण नहीं है, इसलिए परमेश्वर के नाम 'सत्य', 'ज्ञान' और 'अनन्त' हैं।

57. (डुदाञ दाने) आङ्पूर्वक इस धातु से 'आदि' शब्द और नपूर्वक 'अनादि' शब्द सिद्ध होता है। 'यस्मात् पूर्वं नास्ति परं चास्ति स आदिरित्युच्यते।', 'न विद्यते आदिः

कारणं यस्य सोऽनादिरीश्वरः' जिसके पूर्व कुछ न हो और परे हो, उसको आदि कहते हैं, जिस का आदि कारण कोई भी नहीं है, इसलिए परमेश्वर का नाम 'अनादि' है।

58. (टुनदि समृद्धौ) आङ्पूर्वक इस धातु से 'आनन्द' शब्द बनता है। 'आनन्दन्ति सर्वे मुक्ता यस्मिन् यद्वा यः सर्वाञ्जीवानानन्दयति स आनन्दः' जो आनन्दस्वरूप, जिस में सब मुक्त जीव आनन्द को प्राप्त होते और सब धर्मात्मा जीवों को आनन्दयुक्त करता है, इससे ईश्वर का नाम 'आनन्द' है।

59. (अस भुवि) इस धातु से 'सत्' शब्द सिद्ध होता है। 'यदस्ति त्रिषु कालेष न बाधते तत्सद् ब्रह्म' जो सदा वर्तमान अर्थात् भूत, भविष्यत्, वर्तमान कालों में जिसका बाध न हो, उस परमेश्वर को 'सत्' कहते हैं।

60, 61. (चिती संज्ञाने) इस धातु से 'चित्' शब्द सिद्ध होता है। 'यश्चेतति चेतयति संज्ञापयति सर्वान् सज्जनान् योगिनस्तच्चित्परं ब्रह्म' जो चेतनस्वरूप सब जीवों को चिताने और सत्याऽसत्य का जनानेहारा है, इसलिए उस परमात्मा का नाम 'चित्' है। इन तीनों शब्दों के विशेषण होने से परमेश्वर को 'सच्चिदानन्दस्वरूप' कहते हैं।

62. 'यो नित्यध्रुवोऽचलोऽविनाशी स नित्यः।' जो निश्चल अविनाशी है, सो 'नित्य' शब्दवाच्य ईश्वर है।

63. (शुन्ध शुद्धौ) इस से 'शुद्ध' शब्द सिद्ध होता है। 'यः शुन्धति सर्वान् शोधयति वा स शुद्ध ईश्वरः' जो स्वयं पवित्र सब अशुद्धियों से पृथक् और सब को शुद्ध करने वाला है, इससे ईश्वर का नाम 'शुद्ध' है।

64. (बुध अवगमने) इस धातु से 'क्त' प्रत्यय होने से 'बुद्ध' शब्द सिद्ध होता है। 'यो बुद्धवान् सदैव ज्ञाताऽस्ति स बुद्धो जगदीश्वरः' जो सदा सब को जाननेहारा है, इससे ईश्वर का नाम 'बुद्ध' है।

65. 66. (मुच्लृ मोचने) इस धातु से 'मुक्त' शब्द सिद्ध होता है। 'यो मुञ्चति मोचयति वा मुमुक्षुन् स मुक्तो जगदीश्वरः' जो सर्वदा अशुद्धियों से अलग और सब मुमुक्षुओं को क्लेश से छुड़ा देता है, इसलिए परमात्मा का नाम 'मुक्त' है। 'अतएव नित्यशुद्धबुद्धमुक्तस्वभावो जगदीश्वरः' इसी कारण से परमेश्वर का स्वभाव नित्यशुद्धबुद्धमुक्त है।

67. निर् और आङ्पूर्वक (डुकृञ् करणे) इस धातु से 'निराकार' शब्द सिद्ध होता है। 'निर्गत आकारात्स निराकारः' जिस का आकार कोई भी नहीं और न कभी शरीर-धारण करता है, इसलिए परमेश्वर का नाम 'निराकार' है।

68. (अञ्जु व्यक्तिम्लक्षणकान्तिगतिषु) इस धातु से 'अञ्जन' शब्द और 'निर्' उपसर्ग

के योग से 'निरञ्जन' शब्द सिद्ध होता है। 'अञ्जनं व्यक्तिर्लक्षणं कुकाम इन्द्रियैः प्राप्तिश्चेत्यस्माद्यो निर्गतः पृथग्भूतः स निरञ्जनः' जो व्यक्ति अर्थात् आकृति, म्लेच्छाचार, दुष्टकामना और चक्षुरादि इन्द्रियों के विषयों के पथ से पृथक् है, इससे ईश्वर का नाम 'निरञ्जन' है।

69, 70. (गण संख्याने) इस धातु से 'गण' शब्द सिद्ध होता है, इसके आगे 'ईश' वा 'पति' शब्द रखने से 'गणेश' और 'गणपति शब्द' सिद्ध होते हैं। 'ये प्रकृत्यादयो जडा जीवाश्च गण्यन्ते संख्यायन्ते तेषामीशः स्वामी पतिः पालको वा' जो प्रकृत्यादि जड़ और सब जीव प्रख्यात पदार्थों का स्वामी वा पालन करनेहारा है, इससे उस ईश्वर का नाम 'गणेश' वा 'गणपति' है।

71. 'यो विश्वमीष्टे स विश्वेश्वरः' जो संसार का अधिष्ठाता है, इससे उस परमेश्वर का नाम 'विश्वेश्वर' है।

72. 'यः कूटेऽनेकविधव्यवहारे स्वस्वरूपेणैव तिष्ठति स कूटस्थः परमेश्वरः 'जो सब व्यवहारों में व्याप्त और सब में अपने स्वरूप को नहीं बदलता, इससे परमेश्वर का नाम 'कूटस्थ' है।

73, 74. जितने 'देव' शब्द के अर्थ लिखे हैं उतने ही 'देवी' शब्द के भी हैं। परमेश्वर के तीनों लिङ्गों में नाम हैं। जैसे 'ब्रह्म चितिरीश्वरश्चेति'। जब ईश्वर का विशेषण होगा तब 'देव' जब चिति का होगा तब 'देवी', इससे ईश्वर का नाम 'देवी' है।

75. (शक्लृ शक्तौ) इस धातु से 'शक्ति' शब्द बनता है। 'यः सर्वं जगत् कर्तुं क्नोति स शक्तिः जो सब जगत् के बनाने में समर्थ है, इसलिए उस परमेश्वर का नाम 'शक्ति' है।

76. (श्रिञ् सेवायाम्) इस धातु से 'श्री' शब्द सिद्ध होता है। 'यः श्रीयते सेव्यते सर्वेण जगता विद्वद्भिर्योगिभिश्च स श्रीरीश्वरः'। जिस का सेवन सब जगत्, विद्वान् और योगीजन करते हैं, उस परमात्मा का नाम 'श्री' है।

77. (लक्ष दर्शनाङ्कनयोः) इस धातु से 'लक्ष्मी' शब्द सिद्ध होता है। 'यो लक्षयति पश्यत्यङ्कते चिह्नयति चराचरं जगदथवा वेदैराप्तैर्योगिभिश्च यो लक्ष्यते स लक्ष्मीः सर्वप्रियेश्वरः' जो सब चराचर जगत् को देखता, चिह्नित अर्थात् दृश्य बनाता, जैसे शरीर के नेत्र, नासिकादि और वृक्ष के पत्र, पुष्प, फल, मूल, पृथिवी, जल के कृष्ण, रक्त, श्वेत, मृत्तिका, पाषाण, चन्द्र, सूर्यादि चिह्न बनाता तथा सब को देखता, सब शोभाओं की शोभा और जो वेदादिशास्त्र वा धार्मिक विद्वान् योगियों का लक्ष्य अर्थात् देखने योग्य है, इससे उस परमेश्वर का नाम 'लक्ष्मी' है।

78. (सृ गतौ) इस धातु से 'सरस्' उस से मतुप् और ङीप् प्रत्यय होने से 'सरस्वती' शब्द

सिद्ध होता है। 'सरो विविधं ज्ञानं विद्यते यस्यां चितौ सा सरस्वती' जिस को विविध विज्ञान अर्थात् शब्द, अर्थ, सम्बन्ध प्रयोग का ज्ञान यथावत् होवे, इससे उस परमेश्वर का नाम 'सरस्वती' है।

79. 'सर्वाः शक्तयो विद्यन्ते यस्मिन् स सर्वशक्तिमानीश्वरः' जो अपने कार्य करने में किसी अन्य की सहायता की इच्छा नहीं करता, अपने ही सामर्थ्य से अपने सब काम पूरा करता है, इसलिए उस परमात्मा का नाम 'सर्वशक्तिमान' है।

80. (णीञ् प्रापणे) इस धातु से 'न्याय' शब्द सिद्ध होता है। 'प्रमाणैरर्थपरीक्षणं न्यायः।' यह वचन न्यायसूत्रों के ऊपर वात्स्यायनमुनिकृत भाष्य का है। 'पक्षपातराहित्याचरणं न्यायः' जो प्रत्यक्षादि प्रमाणों की परीक्षा से सत्य-सत्य सिद्ध हो तथा पक्षपातरहित धर्मरूप आचरण है वह न्याय कहाता है। 'न्यायं कर्तुं शीलमस्य स न्यायकारीश्वरः' जिस का न्याय अर्थात् पक्षपातरहित धर्म करने ही का स्वभाव है, इससे उस ईश्वर का नाम 'न्यायकारी' है।

81. (दय दानगतिरक्षणहिंसादानेषु) इस धातु से 'दया' शब्द सिद्ध होता है। 'दयते ददाति जानाति गच्छति रक्षति हिनस्ति यया सा दया, बह्वी दया विद्यते यस्य स दयालुः परमेश्वरः' जो अभय का दाता, सत्याऽसत्य सर्व विद्याओं का जानने, सब सज्जनों की रक्षा करने और दुष्टों को यथायोग्य दण्ड देनेवाला है, इस से परमात्मा का नाम 'दयालु' है।

82. 'द्वयोर्भावो द्वाभ्य द्वाभ्यामितं सा द्विता द्वीतं वा सैव तदेव वा द्वैतम्, न विद्यते द्वैतं द्वितीयेश्वरभावो यस्मिस्तदद्वैतम्। अर्थात् ब्रह्म' दो का होना वा दोनों से युक्त होना वह द्विता वा द्वीत अथवा द्वैत से रहित वद्वैतम्। अर्थात् 'सजातीयविजातीयस्वगतभेदशून्यं है। सजातीय जैसे मनुष्य का सजातीय दूसरा मनुष्य होता है, विजातीय जैसे मनुष्य से भिन्न जातिवाला वृक्ष, पाषाणादि। स्वगत अर्थात् जैसे शरीर में आँख, नाक, कान भेद है, वैसे दूसरे स्वजातीय ईश्वर, विजातीय ईश्वर वा अपने आदि अवयवों का भेद आत्मा में तत्त्वान्तर वस्तुओं से रहित एक परमेश्वर है, इस से परमात्मा का नाम 'अद्वैत' है।

83. 'गण्यन्ते ये ते गुणा यैर्गणयन्ति ते गुणाः, यो गुणेभ्यो निर्गतः स निर्गुण ईश्वरः' जितने सत्त्व, रज, तम, रूप, रस, स्पर्श, गन्धादि जड़ के गुण, अविद्या, अल्पज्ञता, राग, द्वेष और अविद्यादि क्लेश जीव के गुण हैं उन से जो पृथक् है। इन में 'अशब्दमस्पर्शमरूपमव्ययम्' इत्यादि उपनिषदों का प्रमाण है। जो शब्द, स्पर्श, रूपादि गुणरहित है, इससे परमात्मा का नाम 'निर्गुण' है।

84. 'यो गुणैः सह वर्त्तते स सगुणः' जो सब का ज्ञान, सर्वसुख, पवित्रता, अनन्त बलादि गुणों से युक्त है, इसलिए परमेश्वर का नाम 'सगुण' है। जैसे पृथिवी गन्धादि गुणों से 'सगुण' और इच्छादि गुणों से रहित होने से 'निर्गुण' है, वैसे जगत् और जीव के गुणों से पृथक् होने से परमेश्वर 'निर्गुण' और सर्वज्ञादि गुणों से सहित होने से 'सगुण' है। अर्थात् ऐसा कोई भी पदार्थ नहीं है जो सगुणता और निर्गुणता से पृथक् हो। जैसे चेतन के गुणों से पृथक् होने से जड़ पदार्थ निर्गुण और अपने गुणों से सहित होने सगुण, वैसे ही जड़ के गुणों से पृथक् होने से जीव निर्गुण और इच्छादि अपने गुणों से सहित होने से सगुण। ऐसे ही परमेश्वर में भी समझना चाहिए।

85. 'अन्तर्यन्तुं नियन्तुं शीलं यस्य सोऽयमन्तर्यामी' जो सब प्राणी और अप्राणिरूप जगत् के भीतर व्यापक होके सब का नियम करता है, इसलिए उस परमेश्वर का नाम 'अन्तर्यामी' है।

86. 'यो धर्मे राजते स धर्मराजः' जो धर्म ही में प्रकाशमान और अधर्म से रहित, धर्म ही का प्रकाश करता है, इसलिए उस परमेश्वर का नाम 'धर्मराज' है।

87. (यमु उपरमे) इस धातु से 'यम' शब्द सिद्ध होता है। 'य सर्वान् प्राणिनो नियच्छति स यमः' जो सब प्राणियों के कर्मफल देने की व्यवस्था करता और सब अन्यायों से पृथक् रहता है, इसलिए परमात्मा का नाम 'यम' है।

88. 89. (भज सेवायाम्) इस धातु से 'भग' इससे मतुप् होने से 'भगवान्' शब्द सिद्ध होता है। 'भगः सकलैश्वर्य्यं सेवनं वा विद्यते यस्य स भगवान्' जो समग्र ऐश्वर्य से युक्त वा भजने के योग्य है, इसीलिए उस ईश्वर का नाम 'भगवान्' है। (मन ज्ञाने) इस धातु से 'मनु' शब्द बनता है। 'यो मन्यते स मनुः' जो मनु अर्थात् विज्ञानशील और मानने योग्य है, इसलिये उस ईश्वर का नाम 'मनु' है।

90. (पृ पालनपूरणयोः) इस धातु से 'पुरुष' शब्द सिद्ध हुआ है 'यः स्वव्याप्त्या चराऽचरं जगत् पृणाति पूरयति वा स पुरुषः' जो सब जगत् में पूर्ण हो रहा है, इसलिए उस परमेश्वर का नाम 'पुरुष' है।

91. (डुभृञ् धारणपोषणयोः) 'विश्व' पूर्वक इस धातु से 'विश्वम्भर' शब्द सिद्ध होता है। 'यो विश्वं बिभर्ति धरति पुष्णाति वा स विश्वम्भरो जगदीश्वरः' जो जगत् का धारण और पोषण करता है, इसलिये उस परमेश्वर का नाम 'विश्वम्भर' है।

92. (कल संख्याने) इस धातु से 'काल' शब्द बना है। 'कलयति संख्याति सर्वान् पदार्थान् स कालः' जो जगत् के सब पदार्थ और जीवों की संख्या करता है. इसलिए उस परमेश्वर का नाम 'काल' है।

93. (शिष्लृ विशेषणे) इस धातु से 'शेष' शब्द सिद्ध होता है। 'यः शिष्यते स शेषः' जो उत्पत्ति और प्रलय से शेष अर्थात् बच रहा है, इसलिए उस परमात्मा का नाम 'शेष' है।

94. (आप्लृ व्याप्तौ) इस धातु से 'आप्त' शब्द सिद्ध होता है। 'यः सर्वान् धर्मात्मन आप्नोति वा सवैर्धर्मात्मभिराप्यते छलादिरहितः स आप्तः' जो सत्योप-देशक, सकल विद्यायुक्त, सब धर्मात्माओं को प्राप्त होता है और धर्मात्माओं से प्राप्त होने योग्य छल-कपटादि से रहित है, इसलिये उस परमात्मा का नाम 'आप्त' है।

95. (डुकृञ् करणे) 'शम्' पूर्वक इस धातु से 'शङ्कर' शब्द सिद्ध हुआ है। 'यः शङ्कल्याणं सुखं करोति स शङ्करः जो कल्याण अर्थात् सुख का करनेहारा है, इससे उस ईश्वर का नाम 'शङ्कर' है।

96. 'महत्' शब्द पूर्वक 'देव' शब्द से 'महादेव' सिद्ध होता है। 'यो महतां देवः स महादेवः' जो महान् देवों का देव अर्थात् विद्वानों का भी विद्वान्, सूर्यादि पदार्थों का प्रकाशक है, इसलिए उस परमात्मा का नाम 'महादेव' है।

97. (प्रीञ् तर्पणे कान्तौ च) इस धातु से 'प्रिय' शब्द सिद्ध होता है। 'यः पृणाति प्रीयते वा स प्रियः' जो सब धर्मात्माओं, मुमुक्षुओं और शिष्टों को प्रसन्न करता और सब को कामना के योग्य है, इसलिए उस ईश्वर का नाम 'प्रिय' है।

98. (भू सत्तायाम्) 'स्वयं' पूर्वक इस धातु से 'स्वयम्भू' शब्द सिद्ध होता है। 'यः स्वयं भवति स स्वयम्भूरीश्वरः' जो आप से आप ही है, किसी से कभी उत्पन्न नहीं हुआ, इस से उस परमात्मा का नाम 'स्वयम्भू' है।

99. (कु शब्दे) इस धातु से 'कवि' शब्द सिद्ध होता है। 'यः कौति शब्दयति सर्वा विद्याः स कविरीश्वरः' जो वेद द्वारा सब विद्याओं का उपदेष्टा और वेत्ता है, इसलिए उस परमेश्वर का नाम 'कवि' है।

100. (शिवु कल्याणे) इस धातु से 'शिव' शब्द सिद्ध होता है। 'बहुलमेतन्निदर्शनम्।' इससे शिवु धातु माना जाता है, जो कल्याणस्वरूप और कल्याण का करनेहारा है, इसलिए उस परमेश्वर का नाम 'शिव' है।

ये सौ नाम परमेश्वर के लिखे हैं। परन्तु इनसे भिन्न परमात्मा के असंख्य नाम हैं। क्योंकि जैसे परमेश गुण, कर्म, स्वभाव हैं, वैसे उस के अनन्त नाम भी हैं। उनमें से प्रत्येक गुण, कर्म और स्वभाव का एक-एक नाम है। इस से ये मेरे लिखे नाम समुद्र के सामने बिन्दुवत् हैं।

❐

[1]

ओ३म् : ईश्वर का निज नाम

विख्यात चारों वेद जग में उन्नति के सार हैं,
वेद बिन है 'वेदना' समझो सभी निस्सार है।
वेद गाते 'ओ३म्' को बतलाते सर्वाधार हैं,
सूर्य की रश्मियों में 'ओ३म्' का गुणगान है।।

निज नाम ईश्वर का यह-यही परम सत्य है,
अनादि अनंत ईश का कर्म न कोई व्यर्थ है।
नाम जितने भी पिता के एक सर्वोत्तम यही,
'ओ३म्' सुख की खान है वेद बतलाता यही।।

वही प्रकाशक है जगत का बात बुद्धिगत यही,
करुणानंद वही 'ओ३म्' बात ऋषियों ने कही।
जगदाधार निराकार है कौन उसको देखता,
खुली हृदय गांठ जिसकी वही उसको देखता।।

सर्वोपरि विभो विश्व का वही सजाता साज है,
सर्वोत्तम विधाता विश्व का करता पूरे काज है।
दाता वही है विश्व का इस रूप में विख्यात है,
समाविष्ट सारा ज्ञान उसमें और किसको ज्ञात है?

कल्याणकारी है वही-यह वेद वाणी बोलती,
हर ऋचा हमारे सामने सब भेद उसके खोलती।
'उपनिषद' गाकर गीत उसके ज्ञान को परोसते,
अविनाशी उस ब्रह्म पर वे गंभीरता से सोचते।।

❐

[2]

निर्विकार वह ब्रह्म है...

निर्विकार वह ब्रह्म है 'ओ३म्' जिसका नाम है,
ज्ञान-चक्षु जिसके खुले मिलता मुक्ति धाम है।
देखता सबको सदा बिन हाथ करता काम है,
चलता बिन पाद के अस्थि का न कोई काम है।।

प्रत्येक अक्षर में छिपा 'अकार' जैसे स्वयं ही,
अणु-अणु में है छिपा वह परमेश्वर स्वयं भी।
'ककार' हमको दिखता अकार रहता मौन ही,
पदार्थ को हम देख पाते मान ईश्वर को गौण ही।।

'अकार' से विराट, अग्नि, विश्व आदि जानिए,
'उकार'-हिरण्यगर्भ वायु तैजस आदि मानिए।
निर्विकार वह अनंत है अनुपम जगदाधार है,
उसी के विधि विधान से चल रहा संसार है।।

यही सत्य त्रेतवाद का 'उकार' रहता मौन है,
पीठ पीछे खाई जगत की सामने महान है।
प्रतीक यह जीव का फंसा द्वंद्व-अंतर्द्वंद में,
महान वह परमेश्वर करता काम निर्द्वंद है।।

'मकार' के विकार में जाल माया का बिछा,
ईश्वर,आदित्य, प्रज्ञा में राज गहरा है छिपा।
कह रहा है 'ओ३म्' हमसे दूर माया से रहो,
खोजना है स्वयं को तो 'ओ३म्-ओ३म्' ही कहो।।

❐

[3]

बगिया से पंछी उड़ गए

रहना नहीं इस ठौर हमको व्यर्थ का संसार है,
कसता वही व्यंग्य हम पर जिनसे हमको प्यार है।
जी रहे जिनके लिए तुम वे तुम्हारे हैं नहीं,
जानिए इस सत्य को अपने ही हमारे हैं नहीं।।

है शाश्वत यह आत्मा-फंसा रहे क्यों भोग में?
नहीं देखते हो स्वयं को जकड़ गए हो रोग में।
बना 'पिंजड़े का पंछी' मुक्ति जिसका धाम था,
कीचड़ में हीरा खो गया अमूल्य जिसका दाम था।।

बगिया से पंछी उड़ गए जो शाम मेरे साथ थे,
छोड़ वह भी गए-जिनके हाथों में मेरे हाथ थे।
कहां गए?-न मुझको पता न तुमको खबर,
कोई पड़ा श्मशान में किसी की बन गई है कबर।।

श्मशान सारे शांत हैं-सन्नाटा उनको खा रहा,
देख हाल कब्रों का यही सबको पसीना आ रहा।
खा गए कितनों को दोनों फिर भी भूखे मर रहे,
यमदूत हमारे ही लिए शमशान खाली कर रहे।।

दो गज हमें श्मशान में मिल जाएंगे-यह झूठ है,
दो गज को लेकर देखिए मच रही वहां भी लूट है।
दो गज जिसके आज हैं होंगे कल किसी और के,
दो गज को लेकर सच में हम रहे न किसी ठौर के।।

❐

[4]

पक्षी भी सारे सो गए

हम लूटते फिरते थे माया सपने सुनहरे पालकर,
नहीं साथ जाएगी हमारे यह सत्य सारा जानकर।
धंसते गए दलदल में हम निज मार्ग सारे बंद कर,
अंत में आंखें खुलीं-जीवन का अपने अंत कर॥

आंखें खुलीं तो क्या खुलीं जब खेल पूरा हो गया,
व्यर्थ तेरा जागना जब चिड़ियों ने खेत खा लिया।
भारत देश हमसे कह रहा जगते रहो-सोना नहीं,
उत्साह से बढ़ते रहो-कभी आलसी होना नहीं॥

समय की रेत पर अंकित करो पगचिह्न ध्यान से,
शृंगार धरा का कीजिए नित ज्ञान से-विज्ञान से।
वंशज हो श्री राम के मत भूलिए उस इतिहास को,
कृष्ण तुम्हारे पूर्वज निकट आने न दो नैराश्य को॥

जीना सदा ही देश हित-यही स्वर्ग धाम है,
आदर्श हमारे साथ में श्री कृष्ण श्री राम हैं।
आशीष ऋषियों का मिला यही परम सौभाग्य है,
जो भूल गए इस सत्य को वे देश का दुर्भाग्य हैं॥

शांत कलरव हो गया पक्षी भी सारे सो गए,
चलता पथिक भी रुक गया पांव निष्ठुर हो गए।
लिपटे थे जिस संसार में वही पराया हो गया,
चलते-चलते एक पंथी किस गली में खो गया?

❒

[5]

विराट परमात्मा

प्रकाशक जगत का 'विराट' उसका नाम है,
रूप उसका विराट है सर्वत्र उसी का वास है।
व्याप्त सृष्टि में वही विस्तार भी अनंत है,
सूर्य भी अनेक उसके असीम का न अंत है।।

हर प्राणी में वही हर वृक्ष पौधे में वही,
तारों में उसी का वास है बात वेदों ने कही।
शीश आकाश उसका दिशाएं उसके कान हैं,
सूर्य चंद्र दोनों नेत्र हैं-पृथ्वी पैर समान है।।

मस्तिष्क की अनंत शक्ति उसका प्रतिबिंब है,
देख लेता इसमें ही हर लोक को ब्रह्मनिष्ठ है।
योगी करता वार्ता नित-संवाद अपने इष्ट से,
मिल भी लेता प्रेम से अपने प्रिय अभीष्ट से।।

गीता में श्री कृष्ण ने अर्जुन को दिया ज्ञान था,
व्यापक विराट ईश का उसको कराया भान था।
उस ज्ञान में विज्ञान था पाखंड का लवलेश नहीं,
ऋणी सारा विश्व है-कहीं भारत जैसा देश नहीं।।

आरंभ नहीं मध्य उसका मिलना नहीं है अंत भी,
विज्ञान सारा कह रहा और कह गए हैं संत भी।
प्रवर्तक सनातन धर्म का पालक वही परमेश है,
उपासक उसी विराट का अपना सनातन देश है।।

[6]

'अग्नि' पूजनीय संसार में

है अग्रणी नायक हमारा एक ही परमेश्वर,
सर्वज्ञ वेदों ने कहा रखता वह सबकी खबर।
नाम उसका एक 'अग्नि' पूजनीय संसार में,
प्रेरक वही है ज्ञान का वेद के विचार में।।

संपूर्ण ब्रह्मांड का एकमात्र नायक ओ३म् है,
जानने के योग्य सबका एक प्रेरक ओ३म् है।
जिसके बिना संसार में कुछ हो सकता नहीं,
पूजनीय प्रथम जगत का दूर हो सकता नहीं।।

ज्ञानस्वरूप परमात्मा ही ज्ञान का भंडार है,
'अग्नि' वेदों ने कहा-नायक जगदाधार है।
प्राप्त करने योग्य वही साधना करता जगत,
आत्मिक उन्नति से निष्पाप हो बनता भगत।।

ईश्वरीय ज्ञान हमको ज्ञान-अग्नि में झोंकता,
हमारी न्यूनता को भस्मकर उन्नति को सौंपता।
दोष विहीन लोहा बने आ अग्नि के संपर्क में,
अग्नि की कर साधना न जाना पड़ेगा नर्क में।।

अग्नि ऊर्जा प्रदान करती-तेज का पर्याय है,
तेजस्विता की प्राप्ति हेतु यही तो उपाय है।
अग्नि रूप बनकर मनुज तेज को धारण करे,
तेज से ही तेज बनता तेज का अनुकरण करे।।

❒

[7]

'विश्व' भी एक रूप उसका

आकाश आदि भूत सारे प्रवेश करते विश्व में,
अथवा जो स्वयं ही प्रवेश कर रहा विश्व में।
'विश्व' भी परमात्मा का नाम सुविख्यात है,
हम सभी को नाम उसका सहजता से ज्ञात है।।

'विश्व' भी एक रूप उसका वह विश्व रूप है,
'विश्वपति' परमात्मा ही विश्व का महाभूप है।
सृष्टि के प्रारंभ में वही रचता रचाता साज है,
उसी की चेतना से विश्व करता अपने काज है।।

हर काज सारे विश्व का होता उसी से पूर्ण है,
वस्तुत: जड़ चेतन जगत उसी से परिपूर्ण है।
वही कर्ता विश्व का उसी को 'धर्ता' भी कहा,
'एक' स्वामी विश्व का उसको हर्ता भी कहा।।

नियामक वही विश्व का स्वामी सच्चा है वही,
नियंत्रक वही विश्व का बात ऋषियों ने कही।
समक्ष विश्व रूप के मस्तक झुकाए सब खड़े,
मानो स्वयं ने स्वयं पर श्रद्धा पुष्प अर्पित किए।।

कब से चला खेल जग का सभी को अज्ञात है,
कब तक चलेगा-किसको भला यह ज्ञात है?
रच रहा जो खेल को वही जानता है सत्य को,
नियम रखता याद सारे जानता वही गत्य को।।

❑

[8]

'हिरण्यगर्भ' है वह

वह दूर होकर भी निकट विशेषता उसकी यही,
कण कण में है रम रहा बात उपनिषद ने कही।
उसे तीर्थों में खोजना महा-अनर्थकारी कर्म है,
हृदय गुफा में देखना-मनुज का सच्चा धर्म है।।

'हिरण्यगर्भ' है वह-यह नाम बड़ा अनमोल है,
इस नाम से विस्मित हुआ यह समस्त भूगोल है।
स्रष्टा वही विश्व का उसी के गर्भ में यह विश्व है,
वास्तुकार-शिल्पकार की श्रेष्ठ रचना विश्व है।।

तेज वाले लोक जिसके आधार से हैं चल रहे,
सूर्य आदि लोक सारे निवास जिसमें कर रहे।
परमेश्वर आधार सबका वेद हमें समझा रहे,
'हिरण्यगर्भ' कह ईश के गीत महिमा गा रहे।।

'स्वप्रकाश-स्वरूप' ऋषि कह गए हैं ईश को,
सब जगत का एक स्वामी बतला गए ईश को।
सूर्य चंद्र को धारण कर जगत स्वामी कहलाता,
अनन्यभाव से भक्ति कर नर सारी सिद्धि पाता।।

जब कोई नहीं था-ब्रह्मांड में गहरा सन्नाटा था,
तब अस्तित्व में था वह सृजन गीत सुनाता था।
वर्तमान में तब भी था-वैसा ही आज बना हुआ,
कल भी रहेगा वैसा ही-जैसा आज बना हुआ।।

❐

[9]

वायु सम बलवान कोई...

वायु सम बलवान कोई अनुमान कर सकता नहीं,
अनंत शक्तिपुंज कोई प्रति ज्ञान कर सकता नहीं।
अनुमान भान ज्ञान से लोग चित्रण कर रहे,
नित्य स्वविवेक से शक्ति निरूपण कर रहे॥

ऋषियों के जीवन खप गए खोज यूँ चलती रही,
अनवरत अनुसंधान की धारा सदा बहती रही।
वायुसम बलवान पाकर उसे 'मातरिश्वा' कह गए,
अनंत अद्भुत मानकर सर्वोत्तम उसे कह गए॥

महान निज स्वरूप में सीढ़ी नहीं जो नाप ले,
करुणा का सागर है वह युक्ति से सारे काम ले।
बड़े-बड़े पहाड़ भी शक्ति से उसकी कांपते,
उसके मातरिश्वा रूप से खड़े-खड़े ही हांफते॥

समुद्र की शांत लहरें तूफान का चुंबन करती हैं,
मचलन उनकी बढ़ती है आकाश से बातें करती हैं।
कंपन भू में होता है परिवर्तित भूगोल हुआ करता,
मिट जाती है हरियाली रेत अनमोल हुआ करता॥

उन्मादी कुकृत्य करने वाले कितने शहंशाह हुए,
दब गए काल के रेत के नीचे जितने तानाशाह हुए।
चढ़ता जो आकाश में मानव सूर्यसम वह ढलता है,
मानव के उत्थान पतन का क्रम शाश्वत चलता है॥

❐

[10]

'तैजस' वह है लोक में

उपकार भाव ईश का सारे जगत में वंद्य है,
मनुज की कृतघ्नता भी उतनी ही निंद्य है।
सृष्टि रची है ईश ने मानव के कल्याण हित,
हमने उपभोग की निहित निजी स्वार्थ हित॥

परमेश्वर प्रकाश करता लोक और द्युलोक में,
प्रकाशक प्रकाशकों का लोक व परलोक में।
उसकी गति के सामने धीमी सभी की चाल है,
कोई नहीं जान सकता काल का भी काल है॥

प्रकाश पाने के लिए नहीं हाथ फैलाता वह,
वचन दीन बोलकर न दीनता दिखलाता वह।
'तैजस' वह लोक में वह साधना के योग्य है,
ईश्वर मोक्ष पाने के लिए वंदना के योग्य है॥

प्रणव का जप जिसने किया पार भव से हो गया,
जिसने तेज को धारण किया भक्त सच्चा हो गया।
यजन भजन में मग्न हो जो भी उसे जपता गया,
संसार की सब गुत्थियों का भेद उसने पा लिया॥

शरणागति के भाव से जिसने उसे अपना लिया,
तेजस्वी बन संसार में निज वर्चस्व स्थापित किया।
गीत गाओ तेज के-भगवन! तेज हमको दीजिए,
'शरणागत' हम आपके शरण में हमको लीजिए॥

❒

[11]

'ईश्वर' नियंता जग का

है 'ईश्वर' नियंता जग का सबका पालनहार है,
ऐश्वर्य अनंत उसका दिग-दिगंत का आधार है।
विचारशील-ज्ञान जिसका उन्नति का मूल है,
ईश को पाकर कभी चुभता न कोई शूल है।।

ऐश्वर्य की खान उसकी अनुपम बनाती है उसे,
इष्ट हर नर-नार का हर-क्षण बनाती है उसे।
ऐश्वर्य अनंत उसका अनंत उसका ज्ञान है,
अनंत है विस्तार उसका 'अनंत' बड़ा महान है।।

महिमा अनंत उसकी कथा में बंध नहीं सकता,
निर्विकार-निराकार कथा में आ नहीं सकता।
निर्मल है वह इतना-बताया जा नहीं सकता,
कृपालु है वह इतना की गाया जा नहीं सकता।।

मिला हमको ये जीवन उसी को मीत बनाने को,
उसी के संग रहने को-उसी के गीत गाने को।
हम गाते रहे हैं गीत उसके और गाते ही रहेंगे,
धूप-गर्मी अब तक सहे हैं-आगे भी सहेंगे।।

है जब तलक संसार ये न दूर हम हो पाएंगे,
दिया उसको वचन हमने उसे मन से निभाएंगे।
बसाएंगे उसे दिल में और भक्ति गीत गाएंगे,
वही स्वामी जगत का है यही सबको बताएंगे।।

❑

[12]

'आदित्य' उसका नाम है

पूर्णतया अखण्ड वह 'आदित्य' उसका नाम है,
हर जीव का कल्याण करना उसका ही काम है।
अदिति अखण्ड समाया अखण्ड ज्ञान ज्योति में,
मिलता अपने भक्त को शाश्वत ज्ञान ज्योति में।।

करते रहो तुम साधना ज्योति यह प्रचंड हो,
हृदय में समाहित करो ज्योति अखंड को।
खोजिए अखंड को और जानिए प्रचंड को,
अखंड को ही पूजिए-नहीं किसी खंड को।

सनातन रहा है शाश्वत जो मूल में अखंड है,
इसकी सोच भी अखंड व कृत्य भी अखंड है।
संस्कृति अखंड इसकी-धर्म भी अखंड है,
'एक' को ही पूजता है-शेष सभी पाखंड है।।

आदित्य इसका राष्ट्र है आदित्य इसकी साधना,
आदित्य इसका देवता-आदित्य ही आराधना।
आदित्य में ही देश है और आदित्य ही परिवेश है,
आदित्य ही वेश इसका आदित्य ही गणवेश है।।

श्रीराम हमारी एकता के आदित्य सम प्रतीक हैं,
श्रीकृष्ण समाज योग के आचार्य श्रेष्ठ सटीक हैं।
हम योग के गायक बनें 'आदित्य' ही आदर्श हो,
सर्वत्र हमारी एकता का- 'अखंड' परिदृश्य हो।।

❒

[13]

'प्रजापति' विख्यात है

पालन सभी का कर रहा 'प्रजापति' विख्यात है,
कोष का उसका ठिकाना सबके लिए अज्ञात है।
पालक वही, कर्ता वही, स्वामी वही, प्रजेश है,
देखा नहीं उसको कभी कैसा उसका वेश है?

प्रजापति है त्रिभुवन का निर्माण उसके हाथ में,
वेद आदि सब कह रहे हर काज उसके हाथ में।
उत्पत्ति कर्ता है वही पोषण सभी का कर रहा,
हर विकास के पीछे वही विनाश भी कर रहा।।

सृष्टि मूल में प्रजापति केंद्र सब की खोज का,
आत्मोन्नति के लिए है केंद्र मनुज की सोच का।
मुमुक्षु की साधना उसी की खोज में निमग्न है,
मुमूर्षु की आत्मा में भी मिलती उसकी लग्न है।।

विद्याएं जितनी जगत में प्रजापति ही मूल है,
कर्ता-धर्ता है वही हमारे धर्म का भी मूल है।
बनाता है सृष्टि को चलाना काम उसी का है,
प्रजापति संज्ञा उसी की यह नाम उसी का है।।

स्वामी है वही अपना-सेवक उसके हम सारे,
दुखों का है वही हर्त्ता और मिटाता कष्ट भी सारे।
दयानंद कह गए हमसे सदा ही ध्यान में रखना,
कभी न भूलना उसको सदा ही ज्ञान में रखना।।

❐

[14]

प्राणों का भी 'प्राण' है

जीवन मूल सृष्टि का प्राणों का भी 'प्राण' है,
कर्म उसका इस लोक में जीव का कल्याण है।
पा लिया उसको जिसने जीवन धन्य हो गया,
जिसने बनाई दूरियां-जीवन व्यर्थ हो गया॥

है प्राणरक्षक परमेश्वर ध्याते ज्ञानी जन उसे,
अपने हृदय की गुफा में पाते ज्ञानी जन उसे।
जो ढूंढते थे पत्थरों में उनको पत्थर ही मिले,
जो खोजते थे सत्य को उनको भीतर ही मिले॥

निष्प्राण प्राण हो गये जब प्राण तत्व न रहा,
शरीर मृत हो गया जब आत्म-तत्व न रहा।
प्राण तत्व से चल रही यह सृष्टि आदिकाल से,
वही भर रहा है ऊर्जा इसके रचना काल से॥

ऊर्जा और चेतना का स्रोत उसी को मानिए,
हर जीव के अस्तित्व का कारण उसी को जानिए।
जीवंतता को फूंकते हर शरीर के रक्षक वही,
आत्मा के आत्मा हैं वेद ने परमात्मा संज्ञा कही॥

प्राण शक्ति से हमारा श्वास-पाचन चल रहा,
शरीर मन सब सक्रिय यंत्रवत सब चल रहा।
पर्दे के पीछे बैठकर सबको व्यवस्थित कर रहा,
प्राणों का वह प्राण है वेद धर्म हमारा कह रहा॥

❐

[15]

'अक्षर' उसी को जानिए

अविनाशी परमेश्वर सर्वत्र व्यापक है वही,
अजर अमर निर्भय अखंड नायक है वही।
नाशवान है नही 'अक्षर' उसी को जानिए,
पालक पिता माता निज बंधु उसको मानिए।।

इतिहास हर जीव का रखता अनादि काल से,
अभिलेख रखता वही अपने अनुपम ज्ञान से।
विशालकाय पोथियों को चाटती न दीमक कभी,
अभिलेख बनाने रखने की मांगे न कीमत कभी।।

सृष्टि-दर-सृष्टि हमारा इतिहास कितना दीर्घ है?
अनादि शाश्वत इतिहास की परंपरा प्रकीर्ण है।
महान धरोहर को बता! कौन सुरक्षित रख रहा?
संभालता कौन इसको कौन व्यवस्थित कर रहा?

अभिलेख रखता है कहां चाबी किसके हाथ में?
कितने कर्मी काम करते वेतन किसके हाथ में?
स्थानांतरण करता वह मृत्यु का वाहन भेज कर,
भेजता हर जीव को उसका कर्म-फल देखकर।।

परमतत्व अविनाशी पिता नचाता नाशवान को,
कर्मफल देता है वही समझ लीजिए भगवान को।
चाहकर भी परमात्मा को हम छोड़ सकते हैं नहीं,
वह छोड़ दे सन्तान को यह कभी संभव नहीं।।

❒

[16]

‘कालाग्नि’ है वही

काल का भी काल है ‘कालाग्नि’ उसको कहा,
वह काल से भी परे खड़ा देख हम सबको रहा।
भौतिक गणित इस लोक का समक्ष उसके हारता,
हथियार कोई है नहीं जो ईश्वर को मारता।।

प्रलय में सबका काल बन छुपाता निज अंक में,
उदारता से दंड देता जो संलिप्त पाप पंक में।
बचाता पाप से हमको दिखाता मार्ग सच्चा है,
पका फल कौन सा अच्छा और कौन कच्चा है?

काल का भी काल बनकर काल को ही खा रहा,
निकल उसी के गर्भ से जगत उसी में जा रहा।
विचित्र पहेली संसार की कौन भला सुलझाएगा?
क्या रक्षक ही भक्षक हो गया? कौन बता पाएगा?

उसकी बाजीगरी के सामने बुद्धि पानी भर रही,
काम सारे कर रहा पर नजर कभी आता नहीं।
विज्ञान संगत, तर्कसंगत, बुद्धि के अनुकूल भी,
कौन कहता काम उसके होते कभी हैं न्यून भी।।

पितृवत रखता सभी का ध्यान प्रलय-काल में,
समा जाती हैं सारी आत्माएं काल के तब गाल में।
समभाव से सभी को देखता वह मुक्त राग-द्वेष से,
वह दूर द्वंद-भाव से और अवमुक्त पंच क्लेश से।।

❐

[17]

स्वराट 'कहलाता वही'

स्वयं प्रकाश स्वरूप 'स्वराट' कहलाता वही,
विस्तार उसके राज्य का कोई यहां पाता नहीं।
कहां तक विस्तार है थक चुके सब खोजकर,
रम रहा कैसे सभी में छक चुके यह सोचकर।।

'विराट' उसका रूप है स्वभाव में 'स्वराट' है,
ऊपर उसके कोई भी नहीं दूसरा सम्राट है।
करता नियंत्रित स्वयं को न अन्य के अधीन है,
स्वयं ही उत्पन्न और स्व-शासन के अधीन है।।

शासक वह स्वयं का किसी और का दास नहीं,
करे किसी की दासता यह उसे अभ्यास नहीं।
है अद्वितीय परमात्मा वह अन्य पर निर्भर नहीं,
गुणों में अनुपम है वह उससे कोई ऊपर नहीं।।

सबका स्वामी है वही उसका स्वामी कोई नहीं,
दोष मिलते हैं सभी में उसमें कोई खामी नहीं।
स्रष्टा वही ब्रह्मांड का उसका न सिरजनहार है,
स्रोत अपना स्वयं का सबका वही आधार है।।

कोई उसका आधार हो यह कभी संभव नहीं,
विस्तार उसका मापना यह भी संभव नहीं।
अपने आप वह उत्पन्न है आप ही शासन करे,
सब प्राणियों का पुत्रवत वह सदा पालन करे।।

❐

[18]

'दिव्य' कहलाता वही

व्याप्त सब में है वही पर कोई उसे पाता नहीं,
उसके बिना संसार में कुछ भी हो पाता नहीं।
वह दिव्यता की मूर्ति है 'दिव्य' कहलाता वही,
बिन दिव्य के संसार में प्रकाश हो पाता नहीं।।

वह अलौकिक है जगत में यही परम सत्य है,
नश्वर सभी लौकिक जगत-यह वेद कथ्य है।
असीमित ज्ञान का संसार में एक वही स्रोत है,
ज्ञान से हर कर्म उसका निश्चय ओतप्रोत है।।

उसकी शक्ति व चेतना का कोई भी सानी नहीं,
परमचेतना के सम यहां और कोई ज्ञानी नहीं।
नहीं जन्म लेता है कभी न मार सकता है कोई,
है जन्म मृत्यु से परे आयु न बता सकता कोई।।

संध्या से मधु दिव्यता साधक में आ विराजती,
सुंदर सलोनी दिव्यता ही संसार को संवारती।
दिव्यता का मार्ग ही इहलोक का उद्धार करता,
अंत में परलोक का भी मार्ग प्रशस्त करता।।

असीम शक्ति पास रख ब्रह्मांड का पालन करे,
हो दंडवत हरलोक उसके हुक्म का पालन करे।
शक्ति को उसकी तोलना मानव को संभव नहीं,
ईश का ईशत्व पाना उसके लिए संभव नहीं।।

❐

[19]

'सुपर्ण' उसी का नाम है...

उत्तम करे पालन हमारा परमपिता परमेश्वर,
जीवन हमारा आधृत 'एक' के उपकार पर।
'सुपर्ण' उसी का नाम है जगत स्वामी है वह,
अतुलनीय सारे काम उसके परमसत्य है वह।।

पूर्ण करता कर्म ईश्वर न्याय पूर्ण ही सदा,
खोट उसके कर्म में नहीं ढूंढ कोई भी सका।
सूक्ष्म से सूक्ष्म जीव का ध्यान रखता है वही,
बड़े से बड़े जीव की भी पालना करता वही।।

हर जीव के हर कर्म का फल निर्धारण करे,
फल द्वारा जीव के भाग्य का निर्णय करे।
कोप का भाजन बने जो दुष्ट कर्म कर रहा,
कृपा का पात्र है वही जो पुण्य कर्म कर रहा।।

दुष्टता पर कोप उसके न्याय का प्रतीक है,
पुण्य पर कृपा लुटाना उदारता का गीत है।
अनुपात उचित रखते हुए दंड देता है सदा,
अनुपात के अनुसार ही पुरस्कार देता है सदा।।

ऋषि देव दयानंद ने 'सुपर्ण' ईश को कहा,
स्वयं में तो 'एक' है पर अनेक नामवाला कहा।
गुण-कर्म-स्वभाव देख नाम वैसा लीजिए,
दयानंद की इस सीख को पल्लू से बांध लीजिए।।

❐

[20]

‘प्राज्ञ’ उसी का नाम है...

ज्ञान है निर्भ्रांत उसका-भ्रांतियों से दूर है,
सर्वत्र इस संसार में बिखर उसी का नूर है।
‘प्राज्ञ’ उसी का नाम है वह ज्ञान से संपन्न है,
ज्ञान से संपन्न व्यक्ति रहता सदा प्रसन्न है।।

‘प्राज्ञ’ उस परमेश से मेधा की शक्ति मांगिए,
विवेक जैसे ही जगे तुरंत तत्क्षण जागिए।
विवेक के आलोक में निज कर्म सारे कीजिए,
‘प्रज्ञावान’ बनने के लिए प्राज्ञ से वर लीजिए।।

विवेक प्रज्ञावान का मेधा को प्रबल कर रहा,
मेधाबल ही मनुष्य का मार्गदर्शन कर रहा।
संसार मेधा से चले मिलता सुयश संसार में,
दिव्य शक्ति प्राप्त होती मेधा से इस संसार में।।

मेधा हमारे मूल में मेधा से हम वर मांगते,
मेधा हमारे कर्म में हम मेधा में सोते जागते।
मेधा ही हमारा ओढना मेधा बिछौना खास है,
‘प्राज्ञ’ जैसी बुद्धि हो यह प्रार्थना विश्वास है।।

‘आनन्दमयकोश’ की हम यात्रा तो भी करें,
चैतन्य प्रज्ञावान बन मोक्ष के अभिलाषी बनें।
नित ईश्वरीय गुण हमें दिव्यता का संदेश दें,
दिव्यता भासित करे-सदा यही उपदेश दें।।

❐

[21]

मित्र का सुमिरण करे

'मित्र' परमेश्वर हमारा उपासना उसकी कीजिए,
स्तुति-प्रार्थना करते हुए नाम उसका लीजिए।
श्रेष्ठ की ही उपासना का विधान किया वेद ने,
वह श्रेष्ठ हमसे है सदा यह राज खोला वेद ने।।

गुण, कर्म व स्वभाव से परमात्मा ही श्रेष्ठ है,
संपूर्ण ब्रह्मांड में नहीं कोई उससे ज्येष्ठ है।
नहीं कोई तुल्य उसके न ही कोई हो पाएगा,
उससे वरिष्ठ श्रेष्ठ जग में कोई न ढूंढ पाएगा।।

सत्य, दया, न्याय आदि समाविष्ट गुण अनंत है,
जड़ पदार्थ जितने भी जग के उनके गुण सांत हैं।
ऐसे अपने मित्र का न तिरस्कार कभी कीजिए,
मिलते रहो दोनों समय न बहिष्कार कभी कीजिए।।

ब्रह्मा, विष्णु, महेश तीनों भक्त थे भगवान के,
आस्तिक रहे तीनों सदा जीवन गुजारा शान से।
उनकी ही भांति हम रहें भक्त बन भगवान के,
मित्र का सुमिरण करें नित्य मान से सम्मान से।।

वह स्नेह सबसे कर रहा व प्रीत भी करता सदा,
मुस्लिम के अतिरिक्त ऐसा कहां करता है खुदा?
प्राणी मात्र को बरसा रहा स्नेह अपना नित्य ही,
सत्य स्वरूप है वह- हर काम उसका सत्य ही।।

❒

[22]

'वरुण' देव के आनंद में...

वरण योग्य परमात्मा 'वरुण' उसका नाम है,
भजते योगी जन उसे पाने को मुक्ति धाम हैं।
नित्य मुमुक्षु जन प्रभु का गुणगान करते ध्यान में,
रसना उसी की हो रसिक सनी हो उसके ज्ञान में,

ग्रहण उसी का कर रहे धर्मात्मा संसार में,
ओ३म् का आनंद लेकर हैं मग्न कारोबार में।
अनहद के आनंद में हृदय की सद अनुभूतियां,
अनुभव कराती संत को सत्य की अनुभूतियां।।

आनंद ही आनंद हो उससे अलग कुछ भी नहीं,
आनंद के अतिरिक्त हमको स्वीकार्य कुछ भी नहीं।
'वरुण' देव के आनंद में आनंद अनुभव हो रहा,
जीवन संवरता जा रहा बदलाव अनुभव हो रहा।।

गीत पंछी गा रहे और हृदय का 'पंछी' मुग्ध है,
कह रही जिव्हा मेरी कितना मीठा दुग्ध है?
दुग्ध पान से मुखरित हुए हृदय बसा आनंद है,
पुलकित हुआ हर रोम मेरा वाह रे! दयानंद है।।

आसन लगा कुटिया में मेरी जाना नहीं अब रूठकर,
वरुण देव! समझाते रहो मुझको मेरे हर खोट पर।
तेरी हर चोट से निकले मेरा हर खोट वो गहरा,
बनता जाऊं मैं कुंदन-हो हृदय में तेरा पहरा।।

❐

[23]

है 'अर्य्यमा' परमात्मा

न्याय करता है सदा वह न्यायकारी ईश्वर,
नहीं न्यायकारी उसके सम और कोई है धरा पर।
न्याय चक्र चलता सदा निर्विघ्न और निर्बाध है,
योगीजन रखते सदा निष्ठा गहन-अगाध हैं।।

जो पुण्य करते हैं धरा पर उन्हें मान्य करता ईश्वर,
पाप करते व्यक्तियों को कदर दंड देता ईश्वर।
चल रहा आवागमन है कर्म फल का साक्षी।
कर्मफल सबका पढ़े नहीं चाहिए कोई साक्षी।।

है 'अर्य्यमा' परमात्मा पूज्य उसकी महानता,
पूजनीय स्वरूप उसका है पूज्य उसकी आत्मा।
रच देता पल में खेल सारा विध्वंस भी करता वह।
जैसा जिसका कर्म वैसा भुगतान करता है वह।।

नियमकर्ता है वही है नियंत्रक समस्त विश्व का,
नियम सारे सत्य उसके नियामक वही है सत्य का।
आर्यों को भूमि देकर यह कर्तव्य आरोपित किया,
प्रचार करो वेद का-वैदिक धर्म स्थापित किया।।

गतिशील रहे विश्व सारा वेद धर्म का वाहक बने,
'अर्य्यमा' परमात्मा का संदेश वाहक भी बने।
चलती रहे धारा जगत में और यशोगान भी,
आर्यत्व ही है धर्म सब का और बड़ा महान भी।।

❐

[24]

ऐश्वर्य कर्ता इंद्र का...

वही इंद्र हमारी आत्मा में बैठा अनादि काल से,
आत्मा का आत्मा है नायक अनादि काल से।
शिवसंकल्प हमारी आत्मा में जब कोई आता नया,
समझिए! परमात्मा का उपदेश हमको मिल गया।।

ऐश्वर्य कर्ता इंद्र का उपासक हमारा आत्मा,
ऐश्वर्य है दिव्य उसका साधक उसी का आत्मा।
जीव करता आ रहा अनादि काल से यह प्रार्थना,
बंधन-जगत के काटिए मेरी यही है कामना।।

सर्वोच्च नियंत्रक है वही शासक व शक्तिमान भी,
अनुशासन में रखता है-विश्व को भगवान ही।
महानता परमात्मा की प्रकट 'इन्द्र' से हो रही,
आभा देखकर उसकी अचंभित जगती हो रही।।

उसकी दिव्य शक्ति को बताया वेद ने 'चालक',
संचालक है जगती का बताया विश्व का पालक।
सृष्टि का वही रक्षक नियंता भी वही इसका,
दयानंद ऐसा कहते हैं- 'इंद्र' पर्याय ईश्वर का।।

वेद की ओर लौटोगे तो मिलेंगे अर्थ बड़े गहरे,
मीठी तान सुन लेंगे-रहे जो जन्म से बहरे।।
नहीं जो बोल पाते हैं मिलेगा आनंद उनको भी,
जो अंधे हैं जन्म से ही मिले प्रकाश उनको भी।।

❒

[25]

'बृहस्पति' भी कहा उसको...

बड़ों से भी बड़ा होता जगत-आधार ईश्वर ही,
उसी के नाम का जलवा मिले परलोक धरा पर भी।
'बृहस्पति' भी कहा उसको दयानंद बाबा ने,
ब्रह्मांडों का स्वामी है पूजनीय काशी व काबा में।।

'बृहस्पति' सम बुद्धिमान बताया मनु ने राजा को,
निभाना निज-धर्म राजा को हर हाल आता हो।
ज्ञानवान राजा हो चले धर्म-अनुकूल बुद्धि भी,
अनुपम न्याय प्रिय हो, रखता हो चित्त शुद्धि भी।।

जैसे लोक में राजा बृहस्पति सम गुणवान होता है,
वैसे ही वह ईश्वर सर्व-गुणों की खान होता है।
भलाई लोक की करता सुखों की वर्षा करता है,
न्याय सब को देता है प्रेरणा सदगुण की करता है।।

लोक में करता राजा है कराता उससे ईश्वर है,
उसी का रूप राजा में मिला करता धरा पर है।
भूपाल-राजा में मनु ने प्रभु का रूप देखा है,
टूटती हो न मर्यादा उसी में विधान देखा है।।

बृहस्पति समाधान देता है अराजकता बढ़े जब भी,
मिटाता आतंक बदमाशी धर्म संकट में हो जब भी।
देश का बुद्धिमंडल है संकटों का नाश करता है,
ईश का आभामंडल है शमन शत्रु का करता है।।

❐

[26]

भरे भंडार 'विष्णु' के...

जगती का पोषण कर रहा विष्णु उसी का नाम है,
भरण करता है सारे विश्व का एक यही काम है।
'भुव:' उसको ही कहते हैं पालक वही जग का,
भरण पोषण वही करता मिले सम्मान भी सबका।।

व्याप्त है वही सब में निराला रूप है उसका,
हिलाता डोर वह सब की जादू खूब है उसका।
पाना चाहते हैं उसको महात्मा संत यह सारे,
मिटा के अपनी हस्ती को मिलें मुक्ति के चौबारे।।

परम विद्वान विष्णु के बनो तुम शिष्य अनुरागी,
मिलेगी मुक्ति भी तुमको कहे जाओगे बड़भागी।
अधिदैविक अधिभौतिक व आध्यात्मिक दु:ख भी,
कटेंगे पाश ये सारे मिलेगा सान्निध्य का सुख भी।।

बढ़ते ही चले जाना मिलेगी शरण विष्णु की,
नहीं हम थक के बैठेंगे यही इच्छा है जिष्णु की।
विख्यात हमारे देवता विख्यात उनके काम हैं,
विख्यात उनके नाम-विख्यात उनके धाम हैं।।

भरे भंडार 'विष्णु' के लुटाता दोनों हाथों से,
कमी आती नहीं फिर भी मेरे दाता के खातों में।
जितना तुम मांगते हो अधिक उससे वह देता है,
मांगते जितना हो तुम उससे अधिक देता वह,
उससे पहले 'सुकर्ता' का वचन भी लेता वह।। ❒

[27]

है उरुक्रम परमात्मा

पराक्रम अनंत उसका अनंत उसका खेल है,
संसार ही पुरस्कार है संसार ही एक जेल है।
है उरुक्रम परमात्मा हर पल दिखाता पराक्रम,
अटूट श्रृंखला चल रही अटूट इसका है क्रम।।

मित्र अविरोधी सदा कल्याण सबका कर रहा,
उसके ही मित्र भाव से संसार सारा चल रहा।
सुखदायी उसका रूप है खान सुखों की है वह,
हर जीव का वह मित्र है प्राण सृष्टि का वह।।

प्रचारक वही सुख का वही विस्तार सुख का है,
वही कारण सुखों का है वही विचार सुख का है।
वही कोष सुख का है धनी सबसे अधिक सुख का,
सुखों में आकंठ डूबा है नहीं लवलेश है दुख का।।

सभी ऐश्वर्यों का दाता है-अधिष्ठाता वही सबका,
ऋषि दयानंद कहते हैं-विद्याप्रद वही सबका।
पुत्री सरस्वती उसकी वही पालक पिता उसका,
कृपालु है-दयालु भी,सिरजनहार वही सबका।।

पंछी करते जप उसका मनुष्य भजते माला है,
बताता व्योम पता उसका जगन्नायक निराला है।
हम करते प्रार्थना उससे-वह स्वीकार करता है,
जगत के हर जीव पर दाता सदा उपकार करता है।।

❐

[28]

अनंतबल से युक्त है 'ब्रह्म'

अनंतबल से युक्त है 'ब्रह्म' कहलाता वह,
नमस्कार हमारा ब्रह्म को सबका भरता है वह।
सर्वोपरि परमात्मा सब में विराजमान हो रहा,
ब्रह्मांड सारा 'ब्रह्म' से ही प्रकाशमान हो रहा॥

भीतर भी सबके और बाहर आप ही विराजते,
आप ही शृंगार सबके-आप ही हो साजते।
आप नित्य प्राप्त सबको शिरोधार्य आज्ञा हमें,
जो कहेंगे आप भगवन स्वीकार्य आज्ञा हमें॥

कहेंगे आप जो हमसे वही है 'धर्म' हे भगवन,
विरुद्ध जो भी करेंगे आपके अधर्म है श्रीमन।
करूं मैं सत्य ही भगवन सत्य जिव्हा पे मेरे हो,
मानूं सत्य को हर पल आज्ञा साथ तेरी हो॥

करूं मैं पाप से घृणा न हावी मुझ पर हो पाए,
अनीति दूर मुझसे हो न दुर्बल को सता पाए।
अधर्म की बात भी न सोचूं धरूं सत्य मार्ग को,
चलूं ऋषियों के मार्ग पर छोड़ूं दुष्ट मार्ग को॥

त्रिविध ताप इस जग के सतावें न किसी को भी,
इनसे दूर हमें रखना न फटकें पास किसी के भी।
कल्याणकारक आप भगवन प्रार्थना सुन लीजिए,
सभी जीवों के हृदय में सदा प्रकाश कीजिए॥

❐

[29]

‘गुरुत्मान’

आत्मा महान उसकी-आत्मा महान है,
विद्वान सारे कह रहे उसी को ‘गुरुत्मान’ हैं।
गंभीर, दबंग, विशाल-एकमात्र वह परमात्मा,
अनेक नेत्र उसके हैं कहते यही संत महात्मा।।

वही देता बसेरा है महा-प्रवीण कर्मों में,
उसी के नाम की चर्चा विश्व के सारे धर्मों में।
वही है लक्ष्य जीवन का बसालूं अपने हृदय में,
भुलाऊं न कभी उसको रहूं मैं कितने वैभव में?

चले जब नाम की चर्चा चढ़े मस्ती मुझे उसकी,
वही हो आसरा मेरा करूं मैं बंदगी उसकी।
गाऊं गीत मैं उसके-सवेरे शाम संध्या में,
आएं याद न मुझको जगत के काम संध्या में।।

परमात्मा के साथ मिले जब यह आत्मा मेरी,
परमात्मा की आत्मा से जब धूमिल पड़े दूरी।
चेतन का परम चेतन से संवाद हो तब गहरा,
चर्चा की मधुरता पर कोई जग का न हो पहरा।।

खो जाऊं मैं उसमें ही कहूं ‘महबूब’ उसे अपना,
‘गुरुत्मान’ उसको मानकर देखूं गोद में सपना।
बिना संकोच कह दूं क्या किया और क्यों किया?
दिए अमृत को तेरे छोड़ मैंने विष क्यों पिया?

❐

[30]

...स्वप्रकाश रूप सूर्य

स्रोत है प्रकाश का स्वप्रकाश रूप सूर्य,
अंधकार दूर करता उल्लास भरता सूर्य।
ज्ञान का प्रकाश करना काम है भगवान का।
अज्ञान का मिटता तमस विस्तार हो ज्ञान का।।

महा तमस हरते प्रभु संसार पर उपकार कर,
ज्ञान ज्योति को जला कृपा करें संसार पर।
हृदय का मिटता है तमस उसके ही जाप से,
मन दूर होता है निरंतर अज्ञान और पाप से।।

प्रकाश रूप सूर्य की ज्योति का दर्शन कीजिए,
मिटते कलुष विचार-कुछ तो चिंतन कीजिए।
जल दीजिए 'सूर्य' को शीतल करो परिवेश को,
स्वयं लाभ लीजिए और दीजिए निज देश को।।

है जड़ जगत का आत्मा प्रकाश रूप ईश्वर,
प्राणियों अप्राणियों का सबका सहायक ईश्वर।
प्रकाशक वहीं प्रकाशकों का वेद का उपदेश है,
उसके बिना सब शून्य है यह शाश्वत संदेश है।।

जड़ चेतन सभी की आत्मा वही अनादि ईश्वर,
शाश्वत सखा वही 'एक' है परमपिता जगदीश्वर।
उसके अमिट प्रकाश को मान अमृत पीजिए,
प्रकाश भासे आत्मा में अमृत्व बोध कीजिए।।

❐

[31]

परमात्मा

सब जीवों से है श्रेष्ठ सर्वमान्य वह ईश्वर,
सब का विधाता-दाता है वही परमेश्वर।
गतिशील सारे लोक अनुकूल गति कर रहे,
ग्रह न टकराते कभी आज्ञा पालन कर रहे।।

परमात्मा वह ईश्वर प्रकृति में भी रम रहा,
सूक्ष्म से भी सूक्ष्म आकाश में भी रम रहा।
अस्तित्व है अस्तित्व का उसके बिना कुछ भी नहीं।
अस्तित्व में हो आस्था उससे अलग कुछ भी नहीं।।

'अंतर्यामी' कहा है वेद ने सब में उसी का वास है,
ज्योति वही है ज्योतियों की प्रकाश का प्रकाश है।
ज्योति से मिलना चाह रही ज्योति अनादि काल से,
चल रही है शोध उसकी अनवरत अनादि काल से।।

जिसने उसको पा लिया कोषों का स्वामी हो गया,
परमानंद की अनुभूतियों में आनंदमय हो गया।
अद्भुत अनोखी ज्योति के जिसने दर्शन कर लिए,
धन्य वह हो गया- 'परमधाम' दर्शन कर लिए।।

जगन्नायक विधायक का करें गुणगान हम वंदन,
प्रभु का कर रहीं चारों दिशाएं करबद्ध अभिनंदन।
सर्वत्र बिखरी दिखती उसकी जगत में दिव्यता,
बतला रहे हैं शास्त्र सारे उसकी मनोरम भव्यता।।

❐

[32]

आत्मा

सबको बनाता ईश्वर और बिगाड़ता भी वही,
सकल सुखों का क्षेत्र- 'एक' बतलाया वही।
वही आत्मा है विश्व की है प्राण तत्व विश्व का,
सबको धारण कर रहा पोषक वही है विश्व का।।

द्युलोक, पृथ्वीलोक और अंतरिक्ष-लोक को,
सबको बनाता है वही भूगोल और परलोक को।
व्यापक निरंतर हो रहा जड़ जीव के संसार में,
प्राप्य हमको है वही और गंतव्य वही संसार में।।

आत्मा की शुद्धि हेतु मर्षण करो तुम पाप का,
प्रयास निरंतर कीजिए हनन न हो आत्मा का।
कठोर तप साधन करो संसार को सुख दीजिए,
प्रसन्न होगा 'आत्मा' बात याद रख लीजिए।।

सृष्टि विधायक ईश्वर कर्मानुसार फल देता सदा,
सिद्धांत उसके हैं अमिट खरा उतरता है सदा।
प्रकृति पुरुष का मेल-परंपरा अनादि काल से,
सब कुछ इसी में ढल रहा कौन इसको टाल दे?

अध्यक्षता में उसकी ही ये सृष्टि चक्र चल रहा,
आत्मा बन छुपके बैठा संकेत कहीं से कर रहा।
अंकुरण हो बीज में यह स्वयं ही संभव नहीं,
आत्मा की आज्ञा बिन हिलता कभी पत्ता नहीं।।

❐

[33]

गौरवमयी परमेश्वर!

बिम्ब वह ब्रह्म है और जीव प्रतिबिम्ब है,
ब्रह्म ही परमेश्वर और परमेश्वर ही ब्रह्म है।
विविधता युक्त जगत अनोखा रच दिया,
महाशिल्पी ने सब अनोखा कर दिया।।

कीट पतंग पक्षी-मिलते अनेकों भेद के,
रचता वहीं जगदीश्वर वचन यही हैं वेद के।
रचना हर ब्रह्म की दिखलाती गहरी भेद को,
जानता है वही-लिया जान जिसने वेद को।।

कितने भार का है सूर्य-कैसे टिका आकाश में?
लाख गुणा इससे भी बड़े हैं सूर्य आकाश में।
मुझे देख विस्मय हो रहा परमेश्वर के खेल को,
कौन समझ पाएगा उसके आत्मा से मेल को?

क्यारी में खिलते पुष्प हैं लगते सभी प्रिय हमें,
विविधताएं चहुंओर हैं अनायास खींचेंगी तुम्हें।
विविधताओं में समरूपता मिलती हमें सर्वत्र है,
लगती अनोखी भक्त को जिसका वह मित्र है।।

महाकार की रचना करे निराकार ही जग में,
समझेंगे उसे जितना बढ़े सम्मान भी मन में।
गौरवमयी परमेश्वर! दिखाई दे रहा मुझको,
हर रचना में उसका नूर है हरता वही तम को।।

❐

[34]

सविता

प्रेरक वही परमात्मा दुर्गुण दूर करता है,
विवेकी बना हमको दुखों को दूर करता है।
व्यक्तित्व फीका पड़ रहा दुर्व्यसन की मार से,
सविता पिता परमात्मा ही मुक्त करता पाश से।।

अंतःकरण में बैठकर संकेत करता मित्रवत,
कुमार्ग से रक्षा करे और सुधारता है पुत्रवत।
करणीय क्या मेरे लिए क्या नहीं करना मुझे,
प्रकाश कर आत्मा में संकेत करता है मुझे।।

हर पल मेरे उत्थान की बनाता योजना रहता,
भले ही भूल जाऊं मैं मेरा वह ध्यान भी रखता।
देखे सोते को मुझको वही रक्षक पिता बनकर,
रहता साथ में मेरे-खड़े हों शत्रु जब तनकर।।

जब भी कभी तूफान से मुझे है जूझना पड़ता,
दिए विवेक से उसके भगना तूफान को पड़ता।
बढ़ाता है वही मुझको चढ़ाता भी वही मुझको,
सविता वही बनकर दिखाये सन्मार्ग भी मुझको।।

स्पर्शन से अंधे को कराता वह बोध वस्तु का,
संकेत से बहरे को कराता है ज्ञान शब्दों का।
प्रेरणा करता गूंगे को समझ लेता वह सच को,
सविता से मिला करती सद-ऊर्जा जग को।।

❒

[35]

सभी में व्याप्त वही 'देव'

मदोन्मत्त जो भी दिखाई दे रहा संसार में,
उसका ताड़नेहारा दयालु भगवान है जग में।
क्रीड़ा करवा रहा संसार को अपने ही ज्ञान से,
मिलते सभी साधन हमें उसी दाता के दान से।।

दिलाता विजय हर धार्मिक को संसार के रण में,
उत्साह का संचार करता समर वीर के मन में।
शयन हेतु बनाता रात्रि हर जीव सुख अनुभव करे,
आनंद सब में बांटता सब न्याय का अनुभव करें।।

प्राणियों के कल्याण हेतु प्रलय कर्ता है वही,
है कामना के योग्य भी उसके सिवा कोई नहीं।
उसके दंड में है न्याय और न्याय में भी दंड है,
कौन कहता है?-प्रभु के विधान में पाखंड है।।

देवाधिदेव-महादेव को आदर्श भारत मानता,
कामना के योग्य उसको हर विधा से जानता।
निंदा के योग्य नहीं-प्रशंसनीय है रूप उसका,
दु:ख का नहीं लेश उसको रूप है आनंद का।।

हर्षित रहे हर काल में नहीं शोक के लवलेश में,
हर्षित रखे हर जीव को हर काल और देश में।
प्रलय में सुलाता जीव को हमें है कामना उसकी,
सभी में व्याप्त वही 'देव' उसी में भावना सबकी।।

❐

[36]

सभी कोषों का स्वामी-'कुबेर'

भलाई कर रहा सबकी दयालु दीनबंधु है,
नहीं देखता आगे कि मुस्लिम है या हिंदू है।
सब को मानता अपना यही व्यवहार करता है,
दया का है वह सागर यही संसार कहता है।।

सभी कोषों का स्वामी है उसे 'कुबेर' कहते हैं,
उसी के न्याय के आधीन हो चींटी शेर रहते हैं।
न कोई तुल्य उसके है न उससे है अधिक कोई,
'अति' से दूर रहता है न करता 'न्यूनता' कोई।।

देता तोल कर सबको खजाने से सदा अपने,
मन की सुनता है सबकी करता पूर्ण है सपने।
कलुषता बच नहीं सकती कभी उसकी दृष्टि से,
मनुजता जा नहीं सकती कभी उसकी सृष्टि से।।

नहीं कभी जोड़ता धन को सदा ही बांटता रहता,
क्या कर्म किया किसने सदा ही छांटता रहता।
तुला उसकी अनोखी है नहीं हिलती हवा से भी,
पूरा तोलती जाती नहीं डरती खिजा से भी।।

न रागी है न द्वेषी है करे कल्याण सबका ही,
सभी से प्रेम करता है करे उद्धार सबका ही।
न बच सकता कभी कोई उसकी तेज-दृष्टि से,
लगा रखे हैं अनेकों कैमरे ईश्वर ने सृष्टि में।।

❐

[37]

पृथ्वी माता बनकर दे रही...

विस्तृत जगत का विस्तार जिसके हाथ है,
वही पिता परमेश्वर हर क्षण हमारे साथ है।
झोली में जिसकी हैं भरे हीरे जवाहरात हैं,
लाल मोती माणिक्य उसी में लगे भंडार हैं।।

जगत विस्तार करने से उसी का नाम पृथ्वी है,
सृष्टि चल रही उससे उसी से हर चीज चलती है।
नियम हैं अटल उसके न कोई भंग कर सकता,
नियमों में भी बुद्धि है न कोई मिथ्या कह सकता।।

अणु-परमाणुओं में उसी का हो रहा कंपन,
उसी से हो रही हलचल उसी का हो रहा चिंतन।
पृथ्वी भज रही उसको गा रही गीत भी उसके,
उसी के नाम की चर्चा-यशोगान भी उसके।।

अंकुरण बीज में होता निकल बाहर को आता है,
परमात्मा की प्रेरणा से नया जीवन वह पाता है।
मिटाती है नहीं 'पृथ्वी'-उसे नया विस्तार देती है,
परमात्मा की दिव्यता उसे नया आकार देती है।।

परमात्मा भी हमारी हर पल कर रहा रक्षा,
पृथ्वी माता बनकर दे रही हमको यह शिक्षा।
करो विस्तार जीवन का 'विस्तृत' को खोजिए,
विशाल निज व्यक्तित्व में विशालता को खोजिए।।

❐

[38]

जल है तो जगत है...

आधार जीवन का जगत में जल बताया वेद ने,
जल के बिना जीवन नहीं ये सच बताया वेद ने।
जल गया तो न रहा कुछ-यही शाश्वत सत्य है,
जीवन जल में बस रहा-एक यह भी तथ्य है।।

परमेश्वर भी जल की भांति सर्व प्राणाधार है,
कल्पना उसके बिना जीवन की निराधार है।
कुछ नहीं जल के बिना जल से ही जीवन चल रहा,
ईश्वर बिना सब शून्य है यही घोष वेद कर रहा।।

जल के छींटे डालने से दुग्ध उफनता शांत हो,
क्रोध में उन्मत्त व्यक्ति दो घूंट पीकर शांत हो।
दुष्टों का ताड़न करने की जल के भीतर शक्ति है,
दुष्टों को नष्ट कर सके ईश्वर की विशिष्ट शक्ति है।।

संयोग वियोग परमाणुओं का ईश्वर ही कर सके,
विज्ञान के इस रहस्य पर शोध कौन कर सके?
नास्तिक विचार चिंतन व्यर्थ संसार को है घेरता,
क्यों व्यर्थ ही संसार सारा संशय माला फेरता?

वेद हमारे पास है-हम वेद के अनुयायी बनें।
वेद के अनुसार ही ईशभक्त-वेदभक्त बनें।।
धरोहर सुरक्षित कीजिए-राष्ट्र की रक्षा करो,
ईश्वरीय वाणी वेद की मनोयोग से रक्षा करो।।

❐

[39]

आकाश में भी व्याप्त है...

प्रकाशक जगत का ईश है दूसरा कोई नहीं,
सर्वत्र उसकी शक्ति सत्ता उसके सिवा कोई नहीं।
आकाश में भी व्याप्त है वही परमात्मा आनंद से,
आकाश उसी का रूप है बसा ईश मूल कंद में।।

कोई स्थान खाली है नहीं जहां न उसका वास हो,
हृदय-आकाश में जाना आसन न जिसके पास हो।
आकाश को भी भर रहा प्रकाश से परमात्मा,
आकाश का पर्यायवाची बताया वेद ने परमात्मा।।

आकाश ही रखने में सक्षम ग्रहों को अपने गर्भ में,
है आकाश ही परमात्मा करता घोष वेद गर्व में।
विचार भी यही व्याप्त है परमात्मा आकाश में,
अर्थ पर चिंतन कीजिए क्यों परमात्मा आकाश में?

उसे देख सकता है वही जिसमें देखने की शक्ति हो,
इसमें शर्त केवल एक है-प्रगाढ़ उसकी भक्ति हो।
अंत:चक्षुओं को खोलती श्रद्धा की पवित्र भावना,
मनोकामनाएं पूर्ण होतीं जब सुन लेते प्रभु प्रार्थना।।

भक्ति मंत्र की आवाज से निनाद हो आकाश में,
पवित्र सात्विकता जीतती शब्दों के संघर्ष में।
सरस्वती की साधना परिवेश का शुद्धन करे,
शोधन करे, बोधन करे, पवित्र उद्बोधन करे।।

❐

[40]

‘अन्न’, ‘अन्नाद’, ‘अत्ता’

‘अन्न’, ‘अन्नाद’, ‘अत्ता’ -ईश्वर के नाम हैं,
अर्थ ‘अत्ता’ का यह अपना स्वामी आप है।
‘अत्ता’ का ही शब्द ‘आटा’ रूप है बिगड़ा हुआ,
ईश्वर स्वामी स्वयं का और जग का भी हुआ॥

सबको भीतर रख रहा ग्रहण करने योग्य है,
उसके बिना संसार में ये काम किसको योग्य है?
उस ही में रहते जी रहे उस ही में रहते मर रहे,
प्राणी सभी संसार में काम उसी में कर रहे॥

गूलर के फल में देखिए असंख्य कृमि वासते,
उसी के भीतर जी रहे उस ही के भीतर मर रहे॥
गूलर की भांति मानिए ब्रह्मांड और संसार को,
पालित भी ईश्वर कर रहा प्रतिपल संसार को॥

गूलर के फल को देखकर-ज्ञान भी ले लीजिए,
उसे देख कर संसार में अपनी दशा भी देखिए।
मिट रहा अस्तित्व हमारा कितने अल्प मूल्य पर,
कदमताल हम सब कर रहे और खड़े हैं शून्य पर॥

भाव उज्जवल हों सभी के मुक्ति के साधक सभी,
इसके बिना संसार का बनना स्वर्ग संभव नहीं।
आत्मिक आनंद की पूंजी का संचय कीजिए,
बढ़ते रहो सत्य पथ पर आत्म-विजय कीजिए॥

❑

[41]

'वसु' रूप है परमात्मा...

आकाश आदि भूत जिसमें वास करते सर्वदा,
वास करता स्वयं सब में 'वसु' वही परमात्मा।
सब लोक उसमें बस रहे स्वामी सबका एक है,
प्रसिद्ध उसके नाम जग में 'एक' से 'अनेक' हैं।।

जिस रूप में साधक भजे उस रूप में ही जानता,
कोई 'ओ३म्' सर्व रक्षक कहे कोई कहे परमात्मा।
जो भी उसके रूप को जिस दिव्यता में भांपता,
उसी दिव्यता की भव्यता में परमेश्वर को जानता।।

'वसु' रूप है परमात्मा वास-स्थली है लोक की,
जाप उसका कीजिए घड़ी न आए शोक की।
उसी के भीतर बस रहे बाहर न जाए कोई भी,
उसी के भीतर आ रहे बाहर न आए कोई भी।।

वसुओं की संख्या आठ है दयानंद ने हमसे कहा,
पृथ्वी, जल, अग्नि को वसु रूप में वर्णित किया।
वायु, आकाश, चंद्रमा तथा सूर्य और नक्षत्र भी,
सभी वास के स्थान हैं और हमारे मित्र भी।।

वसुओं में भी सर्वश्रेष्ठ वसु एक है परमात्मा,
सभी वास उसमें कर रहे सबकी वही है आत्मा।
'वसु' रूप में परमात्मा आराध्य परम देव है,
विद्वान-जन कहते उसे आदर से 'वासुदेव' हैं।।

❐

[42]

दुष्टों को रुलाता है... रुद्र

दुष्टता के कर्म ही मनुज से पाप कराते आए हैं,
पाप कर्मों का मनुष्य फल प्राप्त करते आए हैं।
रोता मनुष्य निश्चय ही स्व-कर्मफल को देखकर,
दुखी हृदय से होता है फल पापों का देखकर।।

न्यायकारी अन्त करता दुष्टता का ईश्वर,
'रुद्र' उसका नाम है कड़ा दंड देता ईश्वर।
दया का सागर है वह बनकर दयालु दंड दे,
दंड में भी वह सदा सत असत पर ध्यान दे।।

वही बोलता मानव जो मन से ध्यान करता है,
वाणी से छुपी वासना का बखान करता है।
जो वाणी से बोला है कर्म वैसा ही करता है,
कर्म जैसा भी करता है फल वैसा ही भरता है।।

दुष्ट रोते दुष्टता का परिणाम अपना देखकर,
होते हैं लज्जित दुष्ट सारे कष्टता को भोगकर।
लाठी पड़ती ईश्वर की न आवाज करती है,
ईश्वर की उदारता का आगाज करती है।।

नहीं बोलती लाठी सही भुगतान करती है,
देखकर कर्मों का खाता बखान करती है।
लाठी के आधिपत्य में दुष्टों को रखना चाहिए,
सज्जनों की शक्ति का उपकार करना चाहिए।।

❐

[43]

‘नारायण’ को समझोगे तो...

‘नारा’ नाम बतलाया मनु ने जल व जीवों का,
मनुष्य है वही साधु जो लेता आनंद गीतों का।
निवास कहते ‘अयन’ को हैं-मनु ने समझाया,
जल के निवासी को हमें ‘नारायण’ बतलाया।।

न केवल ठोस में मिलता जल में भी रहता है,
सर्वव्यापी वायु में सर्वांशतः व्याप्त रहता है।
जल धार में संगीत है और गीत वायु गा रही,
समुद्र की स्वर लहरियों से सुगंध उसकी आ रही।।

है वह कौन सी वस्तु न जिसमें वास हो उसका?
कोना कौन सा ऐसा न जिसमें आभास हो उसका?
जल की विशाल शक्ति को प्रभु का रूप ही मानो,
प्रलय में दिखाती रूप अपना इसे सत्य ही जानो।।

एकदेशीय नहीं ईश्वर न रहता ‘क्षीरसागर’ में,
त्रिभुवन आगार उसका है मिले आकाश सागर में।
जल को ‘देवता’ कहते जहां ‘महादेव’ रहता है,
‘सर्वरक्षक’ बता उसका वेद सम्मान करता है।।

‘नारायण’ को समझोगे तो उसी के हो भी जाओगे,
समझ कर सत्य ‘ईश्वर’ का उसी के गीत गाओगे।
न बनाओ मूर्ति उसकी मूर्ति नहीं रूप उसका है,
बताओ सन्मार्ग सबको ही यही उपदेश उसका है।।

❐

[44]

परमात्मा भी चंद्र-सम

आनंद देता है सभी को आनंद रूप चंद्रमा,
भाता सबकी दृष्टि को हृदय में बसकर चंद्रमा।
वनस्पति में रस भरे औषधि बनाता है उन्हें,
कल्याणरत रहता सदा पीर जगत की हरे।।

प्रकाश को उधार लेकर व्यय करे उद्धार में,
सच्ची सेवा है जगत की सीखिए उपकार में।
परमात्मा भी चंद्र-सम उद्धार में ही लीन है,
लगा रहे कल्याण में शेष सभी कुछ हीन है।।

स्वयं दीन-हीन होकर परोपकार में लीन हो,
जनसेवी सच्चा है वही चाल जिसकी ठीक हो।
आ गले से मिले चालाकी जिसकी चाल से,
हितैषी किसी का है नहीं मित्रता के भाव से।।

खाता है थोड़ा चंद्रमा-शेष सभी को बांटता,
उधार लेकर सूर्य से प्रकाश जगत को बांटता।
'चंद्र' है पर्यायवाची आनंद-घन परमेश का,
गुण उसी का ग्रहण कर कल्याण करता देश का।।

चंद्रमा की कांति से लाभ लेता सब जगत,
ईश की ज्योति से ज्योतित हो उठा जैसे भगत।
तुम चंद्रमा-सम रत रहो विश्व के कल्याण में,
दुष्ट के विनाश में और साधु के परित्राण में।।

❒

[45]

मंगल से मंगल सीखिए...

मंगल ही मंगलकामना में रत रह सकता सदा,
मत जिओ अमंगल भाव में है निरी यह दुष्टता।
अपशकुन मत कीजिए अमंगल से कर मित्रता,
मंगल से मंगल मांगिए मंगल से करके मित्रता।।

मंगल बसे हृदय में सबके यही हमारी सोच है,
मंगल में सारे रत रहो ऋषियों की ऐसी खोज है।
गति संसार की चलती रहे चाह मंगल की यही,
मंगल भाव सृजन कीजिए धार्मिकता है यही।।

अपने लिए करते रहे तो व्यर्थ जिए संसार में,
सोचिए! आने का कारण आए क्यों संसार में?
धर्म व्यवहार अपनाओ अधर्म की छोड़कर रीति,
धर्म ही काम आएगा-पकड़िए धर्म की नीति।।

भगवान का पर्यायवाची 'मंगल' बताया वेद ने,
मंगल से मंगल सीखिए-लक्ष्य बताया वेद ने।
साधना मंगल की मन से भक्त जो करने लगा,
मंगल रूप धन से जानिए झोलियां भरने लगा।।

मंगल हमारे बीच में सप्ताह में एक दिन आ रहा,
वास्तविक 'मंगल' तो हमारे साथ प्रतिपल खड़ा।
मंगल को रखिए साथ में न छोड़ना इसको कभी,
होता रहे मंगल तुम्हारा होगा न अमंगल कभी।।

❑

[46]

'बुध' प्यारा नाम है

परमात्मा ही बोध का एकमात्र आदिस्रोत है,
उसके ही बोधरूप से जीवों को होता बोध है।
बोधस्वरूप है पिता वहां बोध का व्यवहार है,
बोध ही सर्वत्र फैला और बोध का व्यापार है।।

'बुध' बिन होता नहीं हमें बोध इस संसार का,
'बुध' एक नाम है जगदाधार पालनहार का।
कितनी सृष्टि रच चुका कितनी रचेगा और भी,
जानता केवल वही कितने परिवार सौर भी?

सूर्य की ऊर्जा का आदि स्रोत है भगवान ही,
कितने सूर्य ब्रह्मांड में रखता इसका ज्ञान भी।
उसके सूर्य असंख्य उसकी ऊर्जा अनंत है,
भंडार है असंख्य उसके न ऊर्जा का अंत है।।

ब्रह्मांड कितने पिंड कितने रखता गुणा भाग है,
उस ज्ञानी पुरुष विद्वान का 'बुध' प्यारा नाम है।
बोधस्वरूप वह दिव्य सत्ता ज्ञान से भरपूर है,
निर्मल है उसकी दिव्य सत्ता कौन कहता क्रूर है?

दिव्यता के लोक में आलोक को पाते चलो,
तुम दिव्यता की भव्यता के गीत भी गाते चलो।
मिल जाएगा परमात्मा तो बोधमय हो जाओगे,
'बुध' के परमबोध से जीवन बदलता पाओगे।।

❐

[47]

'शुक्र' पवित्र से ही प्रीत हो...

पवित्र जिसका रूप है पवित्र जिसके काम हैं,
पवित्रता में वास करता 'शुक्र' उसका नाम है।
पारदर्शी न्याय उसका पवित्र अति व्यवहार है,
परमपिता परमात्मा की पवित्र ही सरकार है।।

पवित्र के संसर्ग से सृजित पवित्र संसार हो,
पवित्र के संपर्क से कोमल पवित्र व्यवहार हो।
पवित्र का चिंतन करो चित्त-मन पवित्र हों,
पवित्र की सत्संगति से मिलते हमें सुमित्र हों।।

सुमित्रता ही संसार के सौंदर्य का बोध है,
समझ लीजिए अन्यथा जीवन में गतिरोध है।
गतिरोध करो दूर 'मतिरोध' को बोलो विदा,
मिलते रहो संसार में लोगों से सहज सर्वदा।।

विद्या प्राप्त कर कीजिए तप निरंतर ध्यान से,
सुख शांति का वास होगा बुद्धि भरेगी ज्ञान से।
पवित्रता पर ध्यान दे कल्याण जीवन का करो,
संसार में रहते हुए सम्मान जीवन का करो।।

परमात्मा पवित्र सबसे भक्ति उसकी कीजिए,
जीवन में अपना काम सारा पवित्रता से कीजिए।
पवित्र तुम्हारा मित्र हो-पवित्र ही संसार हो,
शुक्र पवित्र से ही प्रीत हो पवित्र ही आचार हो।।

❑

[48]

वही शनैश्चर परमात्मा...

अपार जिसका धैर्य संबल सभी को दे रहा,
धैर्य रखो हल मिलेगा-संकेत सबको दे रहा।
वही शनैश्चर परमात्मा रहता हमारे साथ में,
जग मेले में हमारा हाथ है एक उसके हाथ में।।

धैर्य से हल मिलेगा-यही सनातन सत्य है,
शाश्वत अकाट्य परंपरा वेद-धर्म नित्य है।
व्याकुलता से जानिए हल निकलता हाथ से,
शिक्षा यही लेते चलो-परमेश्वर के साथ से।।

हड़बड़ी नहीं है न्याय में ईश्वर के देख लो,
सब नियम से चल रहा कुछ तो उससे सीख लो।
ऋतुचक्र नियम से चल रहा फूल पत्ते शाख भी,
निज कर्मफल प्राप्त कर न्याय पाते हैं सभी।।

अनंत के अनंत लोक फिर जीव भी असंख्य हैं,
स्मरण शक्ति उसकी देखिए सब कुछ स्मरण है।
किसने क्या किया लोक में-कौन क्या कर रहा?
खाते में सब कुछ दर्ज है याद सबको रख रहा।।

नहीं देर उसके न्याय में अंधेर तो बिल्कुल नहीं,
परिणाम सबको मिल रहा होइए व्याकुल नहीं।
शनैश्चर को खोजिए और धैर्य धारण करो,
हल तुम्हें मिल जाएगा न व्यर्थ की चिंता करो।।

❐

[49]

‘राहु’ बन ‘भगवान’ ही...

अद्वितीय-स्वरूप वाला परमात्मा अखंड है,
उसे एकदेशीय मानना-वेद विरुद्ध पाखंड है।
‘राहु’ भी उसका नाम है नियम सनातन कह रहा,
‘एकांतस्वरूप’ है वह-दयानंद ने ऐसा लिखा।।

संयुक्त जिसमें पदार्थ जग का अन्य कोई है नहीं,
‘स्वयंभू’ परमात्मा का सानी अन्य कोई है नहीं।
सृजन में लेता नहीं वह सहायता किसी अन्य की,
है अपेक्षा उसको नहीं अपने लिए अनुमन्य की।।

हर काम अपने आप करता कोई ‘बड़ा’ है नहीं,
उसके लिए किसी अन्य का विधान चलता है नहीं।
दुष्टों को दंडित कर रहा यह काम उसका खास है,
उससे अलग अधिकार ऐसा अन्य किसके पास है?

दंड दे दंडित करे-यह विधान अनादि काल से,
निर्बाध विधि चल रही अनुपम के महाज्ञान से।
दुष्टों की रक्षा कर रहा ‘राहु’ बन ‘भगवान’ ही,
हृदय से श्रद्धा कीजिए और दीजिए सम्मान भी।।

सज्जनों का मानवर्द्धन-दुष्टता का मानमर्दन,
कर रहा यही काम ईश्वर प्रतिपल व प्रतिदिन।
बचा रहा है सज्जनों को दुष्टता के जाल से,
कौन बचपाया जगत में महाकाल विकराल से।।

❐

[50]

'केतु' रहेगा ईश्वर...

सब जगत का वास है 'केतु' कहलाता वही,
यह ईश्वर का नाम है 'दयानंद' की उक्ति सही।
आदि से लेकर सृष्टि के संसार जबसे चल रहा,
'केतु' रहेगा ईश्वर जगती के प्राणी-मात्र का।।

आदि न उसका अंत है यह वेद संगत कथ्य है,
कौन उसको खोज पाया किसके पास तथ्य है?
कौन कहता ईश्वर को रोग मिटा जाएगा?
रोगों से सबसे मुक्त है उसे कौन मिटा पाएगा?

खाता है, न पीता है, न चलता है, न थकता है,
क्रियाशील है भगवन न सोता है न थमता है।
लाओगे उसे कैसे?-किसी शीशे में गढ़ करके,
वर्ण है आदित्य जैसा सोचिए विचार करके?

मुक्ति में मुमुक्षुओं को मिले आसरा उसका,
रोग मुक्त रखता उन्हें रखकर समुचित फासला।
पिता बनकर करे रक्षा सहायक-भाव से उनकी,
कर्ता है-वही भर्ता छतरी बन रहा सबकी।।

सदा ही साथ रहता है क्यों न मोक्ष मिल जाए?
अपना मान लें उसको ऐसी सोच बन जाए।
श्रद्धा से गाओ गीत दयालु 'केतु' सहायी के,
हृदय में करो दर्शन 'स्वयंभू' 'ईश' न्यायी के।।

❐

[51]

यज्ञमय प्रभु हमारा

यज्ञमय प्रभु हमारा पूज्य है सबके लिए,
ऋषि ने ऐसा ही कहा समस्त विश्व के लिए।
जितने ऋषि हो गए आज हैं और होंगे कभी,
ईश्वर को अपने लिए 'पूज्य' मानते हैं सभी।।

पदार्थ को पदार्थ से संयुक्त करता आ रहा,
श्रद्धा से संसार सारा गीत उसके गा रहा।
ऋषियों ने पूज्य ईश के ग्रंथ रचे सम्मान में,
परमेश्वर की पूर्णता थी पूर्वजों के ज्ञान में।।

निराकार जगदीश का ब्रह्मांड ही शरीर है,
द्युलोक मस्तक ईश का भूमि उसके पैर हैं।
अंतरिक्ष धड़ जानिए यह वेद का उपदेश है,
ग्रीवा हैं पेड़ वृक्ष सारे अनुपम यही संदेश है।।

पृथक है अंधकार से प्रकाश रूप परमेश्वर,
प्रलय के उस पार भी मिल जाएगा जगदीश्वर।
चराचर की वही आत्मा ज्ञान का भंडार है,
उसकी शरण आनंद देती वही जगदाधार है।।

'नाथ रक्षा कीजिए' जिसने पुकारा आपको,
दूर किया कष्ट सारा-हर लिया संताप को।
यज्ञ रूप भगवान का 'यज्ञ' भी एक नाम है,
यज्ञमय ईश का परकल्याण करना काम है।।

❐

[52]

वेद ने 'होता' कहा...

दृष्टा है सबका ईश्वर कोई संशय इसमें है नहीं,
विद्वज्जनों का हित करे समकक्ष कोई है नहीं।
द्युलोक, अंतरिक्ष, पृथ्वी लोक में व्यापक वही,
जगत का उत्पत्तिकर्ता उससे अलग कोई नहीं।।

पाकर सहाय जगदीश का जीते रहें सौ वर्ष तक,
गुणगान उसका ही सुनें मेरे कान भी सौ वर्ष तक।
जिव्हा अनुभव मधुरस करे ब्रह्म के गुणगान में,
अधीन किसी के न रहें जब तक रहें संसार में।।

अग्नि का प्रकाशकर्ता सूर्य लोक आलोकित करे,
प्राणादि में आलोक उसका और सबका हित करे।
उपदेश उसका ही करें हम सौ वर्ष तक जीते हुए,
भोजन ग्रहण में स्मरण करें और जल पीते हुए।।

वेद ने 'होता' कहा-सच्चिदानंद उस जगदीश को,
सत्कर्म करते ही चलें भजते हुए उस ईश को।
नमस्कार बारम्बार है सुखों के दाता ईश को,
धर्म कार्य से जोड़ता अपने भक्त और शिष्य को।।

पदार्थ सब प्रदान करता योग्य हैं जो जीव को,
विख्यात जग में ईश्वर 'भजनीय' है जीव को।
प्रातः काल में सुमिरन करो सायं संध्या काल में,
कर देगा भव से पार ईश्वर तुमको हर हाल में।।

❒

[53]

'बंधु' हमारा ईश्वर

'बंधु' हमारा ईश्वर भय दूर करता आ रहा,
भैया भी उसका रूप है वेद यही बतला रहा।
जो भाई होकर भाई के रक्त का प्यासा बने,
भाई वह होता नहीं न भाई की आशा बने।।

भगवान की दिव्यता को भाई ग्रहण कर रहा,
दर्शन हमारा वेद का भगवान ही बतला रहा।
नियमों से बद्ध करता हर लोक को परमेश्वर,
साथी बनकर साथ रहता कृपा-सिंधु ईश्वर।।

सहोदर-रक्षक हमारा एक वही परमेश है,
संसार में सहायक हमारा एक वही विशेष है।
मर्यादा पथ में घूमना बन्धु का होता आचरण,
निज बंधु के हर कष्ट का बंधु करता है हरण।।

धारण करे रक्षण करे और सुख भी देता ईश्वर,
सार्थक 'बंधु' की संज्ञा सहायक वही परमेश्वर।
जो भी आया लोक में यश, कीर्ति-वैभव मिला,
बंधुओं के साथ रहना कब किसे गौरव मिला?

तिरस्कार मत कीजिए बंधु अमानत आपकी,
संसार में सच मानिए है जमानत आपकी।
भाई में रूप देखिए जगदीश्वर भगवान का,
प्रतीक उसको मानिए अपने लिए सम्मान का।।

❐

[54]

पिता है सारे विश्व का

पिता है सारे विश्व का और पूर्ण निर्मल सत्य है,
कर रहा पालन पिता-सारा जगत ही पुत्र है।
जैविक पिता में रूप उसका देखा गया है वेद में,
पिताओं का पिता-ईश्वर बतला दिया है वेद ने।।

जैविक पिता होता हमारा तुल्य उस भगवान के,
कौन कहता है पिता लायक नहीं सम्मान के?
जीवन के कुछ काल का निर्माण करता है पिता,
वही हमें चलना सिखाता राज किससे है छिपा?

संग चलता है पिता कुछ देर तक संसार में,
सच्चा पिता रहता हमारे संग हर काल में।
सुधारने का काम करता निकृष्ट और भ्रष्ट को
हरता वही है संकटों को और सारे कष्ट को।

जगत पिता परमेश्वर उपकार हमारा कर रहा,
जैविक पिता भी देखिए! कष्ट दूर कर रहा।
हो उन्नति हर जीव की इच्छा यही भगवान की,
जैविक पिता भी कह रहा जयकार हो संतान की।।

हर हाल में हर काल में जीत का सेहरा सजे,
पिता हमारा कह रहा आशीष मेरा फूले फले।
जाए जहां भी विश्व में सर्वत्र ही विजय मिले,
विजय से अलग पुत्र को न कदापि कुछ मिले।।

❒

[55]

पितामह-प्रपितामह

पिताओं का पिता 'पितामह' कहलाता वह,
है सभी का आसरा और जगत-दाता वह।
पालक मेरा मेरे पिता का एक वही सर्वेश्वर,
पिताओं के पिता का रक्षक वही जगदीश्वर।।

भूल में हम रह रहे और फूल रहे घमंड में,
परिणति हमारी हो रही व्यर्थ के पाखंड में।
पाल लिया अहम हमने कर्म का कर्ता हूं मैं,
भूल गए भगवान को जप नहीं करता हूं मैं।।

कबसे करता आ रहा पालन पिता जगदीश्वर,
हर सृष्टि में मेरे साथ था आज भी है ईश्वर।
हर बार उसने ही निज आश्रय मुझको दिया,
प्रेरक पिताओं का रहा गोद में सबको लिया।।

प्यार उसका ही मिला साथ में आशीष भी,
है पितामह हमारा रक्षक तथा जगदीश भी।
पिताओं का पिता,उनका पिता, सबका पिता,
जितने जगत के जीव हैं उन सबका भी पिता।।

प्रपितामह उसको कहो सोचिए छोटी सी बात,
सबका पिता 'एक' है व्यर्थ के सारे विवाद।
विवाद सारे दूर कर भ्रातृत्व को विस्तार दो,
संसार सारा 'एक' है 'एक' ही स्वीकार हो।।

❒

[56]

'माता' वही परमेश्वर

'माता' वही परमेश्वर सारे जगत की एक है,
पुत्र की भांति हमारा कर रही अभिषेक है।
मातृवत निर्माण करना एक उसका काम है,
यंत्रवत चलती ही रहती लेती नहीं विराम है।।

कोई आ रहा रोता हुआ धूल में है सन रहा,
ले रही है गोद सबको पावन पवित्र मन रहा।
संतान के सिर हाथ रख पुचकारती प्यार से,
कराती है अमृतपान लोरी सुनाकर लाड से।।

भूल जाते अपने हम पाप-ताप-संताप को,
मां के आंचल में छुपा लेते हैं अपने आप को।
मां के आंचल से बड़ा स्वर्ग का भी सुख नहीं,
ईश्वर की गोद पाना सबके लिए संभव नहीं।।

जिसने अमृत पी लिया-रहा कुछ शेष नहीं,
आनंद में डुबकी लगाना सब काल में संभव नहीं।
ममतामयी दृष्टि पड़े तो वृद्धि हो आनंद में,
बुद्धि-वैभव बढ़ता जाता गाकर सुनाऊं छंद में।।

उन्नति में मग्न रहती ज्यों हमारी जननी मां,
सुख ऐश्वर्य भी दे रही हमको हमारी जननी मां।
प्राण करते हैं जब तक सांस हमारी चल रही,
जननी नही ठगनी है ये व्यर्थ चिंतन कर रही।।

❐

[57]

आचार्य नमनीय है...

आचार्य जग में हमारा केवल पिता परमेश्वर,
ज्ञान देता आ रहा हमको पिता जगदीश्वर।
दिए प्रभु के ज्ञान में खोट कुछ होता नहीं,
ज्ञान जिसने ले लिया शेष कुछ रहता नहीं।।

गढ़ रहा आचार्य स्वरूप हमारा ध्यान से,
निकालता है खोट सारा ज्ञान से विज्ञान से।
करता घोर-घनी साधना धारता वैराग्य भी,
लक्ष्य उसका एक है बन जाएं हम योग्य भी।।

दाना बड़े पुरुषार्थ से लाता है पक्षी दूर से,
खोल देते चोंच बच्चे व्याकुल हैं सारे भूख से।
मिटती सारी भूख उनकी और मिलती ऊर्जा,
सुखद अनुभूतियों में चेहरा दमकता चांद सा।।

आचार्य भी शास्त्रों से लाता है अमृत ढूंढ कर,
पिलाता है अपने शिष्य को पुत्र सम मानकर।
अमृत बूंद के स्पर्श से खिलती बाँछें शिष्य की,
सुखद अनुभूतियों में आभा दमकती शिष्य की।।

आचार्य नमनीय है वंदन योग्य उसके कर्म हैं,
ज्ञान उसे ग्रहण करना सबसे पवित्र धर्म है।
घर्षण करो नाम जप बेड़ा लगाएगा पार भी,
पुकारिए 'आचार्य' मिल जाएंगे करतार भी।।

❐

[58]

गुरुओं का गुरु परमेश्वर

गुरुओं का गुरु परमात्मा ध्यान रखता है सदा,
हमारे आत्मिक उत्थान का प्रबंध करता सर्वथा।
कल्याण हमारा कर रहा गुरु रूप में परमेश्वर,
नाशवान यहां पर कौन है कौन यहां पर है अमर?

सब गुत्थियों को खोलता वेद में परमेश्वर,
ज्ञान दे कर रहा उपकार पिता संसार पर।
वेद के आलोक में प्रतिपादित किया धर्म को,
मनुष्य को समझा दिया सत्य को अधर्म को।।

सकल विद्या युक्त हैं दिए वेद जो भगवान ने,
हर क्षण लगा रहता पिता जीव के कल्याण में।
क्या है विद्या क्या अविद्या बतला दिया है वेद में,
नीति क्या, अनीति क्या समझा दिया है वेद में।।

अग्नि, वायु, आदित्य को दिया ज्ञान गुरु रूप में,
समझा दिया अंगिरा को 'ज्ञान' दिव्य रूप में।
ब्रह्मा के गुरु आप हैं गुरुओं के गुरु श्रेष्ठतम,
तुमसे अलग संसार में भला कौन है वरिष्ठतम?

नाश कभी होता नहीं 'अजर' जगत में आप हैं,
मृत्यु भी छूती नहीं-छूता नहीं कोई पाप है।
गुरुओं का गुरु परमेश्वर न्यायाधीश भी है वही,
चल रहा संसार सारा कृपा से उसकी ही सही।।

❒

[59]

'अज' नाम उसका वेद में

हर जीव का संयोग करता शरीर से परमेश्वर,
अनुपम का अनुपम काम है जानता सर्वेश्वर।
संयुक्त कर दिखला सके विज्ञान में शक्ति नहीं,
है निरर्थक जन्म उसका जिसमें ईशभक्ति नहीं॥

'अज' उसी का नाम है जन्म कभी लेता नहीं,
प्रकृति के अवयवों को-अन्य को देता नहीं।
परमाणुओं को मिला रहा युक्ति से परमेश्वर,
क्या यंत्र उसके पास है बस जानता जगदीश्वर॥

मौन है विज्ञान सारा विशेषज्ञ भी सारे मौन हैं,
यह चल रहा है यंत्र कैसे? चला रहा कौन है?
जन्म जिसका है नहीं! वह जन्म कैसे दे रहा?
जड़ को मिलाकर जीव से काम कैसे ले रहा?

अदभुत अनोखा ईश्वर 'अज' नाम उसका वेद में,
वेद ही समझा सकेगा-क्या लिखा है वेद में?
वेद ने खींचा है उसका 'चित्र' अपने ज्ञान से,
समझ लीजिए उस ईश को अपने बुद्धि ज्ञान से॥

अज होके काम कर रहा हर जीवधारी से अधिक,
कौन उसको मार सकता, कौन उसका है वधिक?
श्रद्धा जगा हृदय में देखो-प्रेम से पुकार कर,
व्यथा दूर होगी आपकी जगदीश्वर को जानकर॥

❐

[60]

मिलता है 'ब्रह्मा' दौड़कर...

सत् चित आनंद का गुण निराला ईश में,
सच्चिदानंद स्वरूप को खोजिए जगदीश में।
निराकार सर्वशक्तिमान को ब्रह्म रूप जानिए,
'ब्रह्मा' उसी का नाम है यही वेदसंगत मानिए।।

है दयालु, न्यायकारी सारे वेद ऐसा कह रहे,
संसार के प्राणी सभी निवास उसमें कर रहे।
अनंत है विस्तार उसका माप में आता नहीं,
जन्म भी लेता नहीं कभी गर्भ में आता नहीं।।

संभव नहीं अवतार लेना-है उचित भी नहीं,
स्वयं करता कर्म अपना अन्य को संभव नहीं।
अवतार क्यों लेगा वह कुछ सोचिए विवेक से,
जो अदृश्य होके कर्म करता स्वयं के विवेक से।।

उपासना फलदायी उसकी करते रहिए नित्य ही,
भवबंधनों का नाश होगा मिलेगा परम सत्य भी।
ब्रह्मानंद से मिलते रहो इच्छा कर 'आनंद' की,
जब नाद मिलेगा 'ब्रह्म' से बरसेगा परमानंद भी।।

भौतिक रूप में मिलता नहीं ध्यान रखना बात को,
एकांत में मिल बात करना-चाहे बेशक रात हो।
हृदय में श्रद्धा हो बसी-मन में उसका चाव हो,
मिलता है 'ब्रह्मा' दौड़कर मिलने का सच्चा भाव हो।।

❒

[61]

'सत्य'-'ज्ञान' ग्रहण कीजिए...

दूर बैठा है दयालु-फिर भी मेरे पास है,
जड़ रूप में मिलता नहीं चेतना में वास है।
उसे पत्थरों में खोजना है विवेक-शून्यता,
पूर्ण है स्वरूप उसका पूर्ण उसकी पूर्णता।।

सत्य उसको जानिए-अनंत में पहचानिए,
सोच को विस्तार दो विस्तार में ही जानिए।
विस्तार को संकीर्ण में ला रहे क्यों जानकर?
गागर में सागर भर रहे सत्य को भी जानकार।।

'अग्नि' 'सूर्य' में खोजिए 'विराट' रूप देखिए,
मिल जाएगा परमेश्वर हृदय में अपने देखिए।
वह 'सत्य' है और 'ज्ञान' भी अनंत उसका नाम है,
परिमाण उसका है नहीं अनेक उसके नाम हैं।।

कौन कह सकता उसे परिमाण उसका है यह?
साकार है जगदीश्वर-प्रमाण उसका है यह?
निराकार को साकार में लाना असंभव कर्म है,
'निराकार' ही 'सत्य' है-यही हमारा धर्म है।।

'सत्य'-'ज्ञान' ग्रहण कीजिए दे रहा परमात्मा,
श्रद्धा से अनुभव कीजिए-ले रहा है आत्मा।
अनंत में खो जाइए जग की विषमता भूलकर,
आनंद पुष्प खोजिए-मौज मिलेगी शूल पर।।

❐

[62]

अनादि तत्व जगदीश के...

है अनादि स्वभाव से परमेश्वर निज ज्ञान से,
कोई नहीं उससे बड़ा ज्ञानरूप भगवान से।
सृष्टि से पहले था वह उसके परे कोई नहीं,
विज्ञान भी यह मानता उसके पूर्व कोई नहीं।।

उस देव की उपासना ही जीव का शुभ कर्म है,
उसे मानना किसी देव में सर्वथा अधर्म है।
देव हैं जितने जगत में उसी देवत्व के आधीन हैं,
उसके बिना सभी देव जग के तुच्छ और हीन हैं।।

आदि कारण है नहीं परमेश्वर के जन्म का,
किसने देखा है ठिकाना ईश बंधन-मुक्त का?
यज्ञरूप-परमात्मा कल्याण करता विश्व का,
कौन विश्लेषण करेगा-उस अनादि तत्व का।।

अभ्यास पिछले जन्म का ले जाता उसकी ओर को,
न जान पाएगा कोई उसके अंतिम छोर को।
हमारे कर्म संचित हो रहे अंतःकरण में जानिए,
कर्माशय प्रबल हो रहा जीवन मरण में मानिए।।

कर्म लेख मिटता है नहीं फल भोगना ही पड़े,
अनादि तत्व जगदीश के कठोर नियम हैं बड़े।
स्वयं अनादि परमात्मा 'आदि' का पालन कर रहा,
अतुलित हैं कोष उसके जग का चालन कर रहा।।

❐

[63]

'आनंद' की सीमा नहीं

अनंत में 'आनन्द' है 'आनंद' की सीमा नहीं,
आनंद व अनंत में कोई भेद कर सकता नहीं।
जगत झमेला छोड़कर अनंत की ही सैर कर,
आनंद रस अनुभूत कर मत किसी से वैर कर।।

धर्मात्मा जीव जहां 'आनंद' को अनुभव करें,
उस आनंद से संयुक्त हो हम स्वयं आनंद करें।
कीचड़ में जिसमें फंस रहे-त्याज्य यह कर्म है,
त्यागिए इस त्याज्य को-यही उत्तम कर्म है।।

संसार से मुंह फेरकर विषयों को खतरा मानकर,
जीवन लक्ष्य निर्धारित किया ऋषियों ने परमेश्वर।
कीचड़ में धंसना मूर्खता और मूर्खों का काम है,
अज्ञान की पराकाष्ठा और अज्ञानता का नाम है।।

बचकर निकलिए प्रेम से जितने भी कांटे मार्ग में,
बन गए अपने ही बाधक प्रभु प्राप्ति के मार्ग में।
तू जिनको अपना मानता-तेरा लूट रहे आनंद हैं,
लुटेरों की यह महफिल घिरकर हो गया तू बंद है।।

निकल चल यहां से छोड़कर इस गंदी महफिल को,
क्यों फंस रहा दुर्गंध में दुखी करता है क्यों दिल को?
तूने क्या लिया आकर बता! इस गंदी महफिल में?
'आनंद' को तो खो चुका ठग चोरों की महफिल में।

❑

[64]

'सत्' है वही परमेश्वर...

कल भी वह था आज भी है और आगे भी रहे,
कौन ऐसा है यहां? जो बिना ईश्वर के रहे।
परमेश्वर की सत्ता यहां पता भी अपना दे रही,
हर पत्ते में उसका वास है ज्ञान हमको दे रही।।

है कौन सा वह काल बोलो जब नहीं था ईश्वर,
कौन सा वह काल होगा जब नए रहेगा ईश्वर?
अस्तित्व को देना चुनौती मूर्खता का काम है,
अस्तित्व में विश्वास हो यही तुम्हारा काम है।।

कृतज्ञता का भाव रख चलते रहो विनम्र बन,
वैसे निकलो आप भी निकले हैं जैसे संतजन।
जीवन क्षणिक है आपका पड़ते क्यूं विवाद में?
शान्तमना चलते रहो जग चर्चा करेगा बाद में।।

'सत्' है वही परमेश्वर जिसके उपासक आप हैं,
उसके नाम का सुमिरन तुम्हारे काटता संताप है।
संसार की गलियों को देखो फेरा लगाने आए हो,
मत गाड़िए कांटे यहां तुम बाग लगाने आए हो।।

बन गलियों के जोगी घूमिए रहेगी चर्चा देर तक,
फेरा लगाओ नित्य ही तुम घर से लेकर घेर तक।
जानिए! 'घर' तुम्हारा है कहां 'घेर' तुम्हारा है कहां?
जिसे तुम अपना कह रहे- वह तुम्हारा है कहां?

❒

[65]

'चित्' माना गया उसको...

सराय सम बस्ती है दुनिया 'सत्य' को पहचानिए,
रमना नहीं भवनों में तुमको अहंकार त्यागिए।
सत्य और असत्य को वह जानता है ईश्वर,
लेखा हमारे कर्मों का सारा जानता है ईश्वर।।

धोखे में उसको डालना आत्मप्रवंचना का मार्ग है,
सच्चिदानंद की साधना का मिला हमें सौभाग्य है।
जाए न अवसर व्यर्थ ही उपयोग इसका कीजिए,
दे सको जितना समय निश्चय ही उसको दीजिए।।

संगत में उसकी जाइए-रंगत चढ़ेगी चित्त पर,
बैठिए पंगत में उसकी प्रभाव पड़ेगा 'मित्र' पर।
आत्मा है 'मित्र' उसकी वह आत्मा का मित्र है,
न आत्मा का चित्र कोई न परमात्मा का चित्र है।।

चिताने वाला है सबको वह अच्छे मित्र की भांति,
'चित्' माना गया उसको लिखी है वेद में ख्याति।
देखो हृदय मंदिर में रिझाओ भक्ति गीत गा गाकर,
रखेगा हाथ 'कृपा' का तुम पर अमृत बरसाकर।।

नहीं वह भूलता हमको सदा ही साथ रहता है,
सदा कृपा का उसकी सिर हमारे हाथ रहता है।
हम भूलें उसे संभव यह नादानियों का खेल है,
कराती साधना की उच्चता परमात्मा से मेल है।।

❐

[66]

जीवनाधार हमारा 'नित्य' है...

अविनाशी पिता परमेश्वर पूजनीय विश्व का,
दयानिधे परमात्मा आप पर विश्वास सबका।
हैं प्रशंसित विद्वान जितने बंधनों से मुक्त हों,
कृपापात्र सब आपके विपत्तियों से मुक्त हों।।

जो भी हमारे पास है सब कुछ दिया आपने,
यज्ञ नित्य करते रहें आसक्ति न हो पाप में।
बंधनों से मुक्त करें आहुतियां हमें यज्ञ की,
मुक्ति तक लेकर चलें पवित्र आहुति यज्ञ की।।

कर दीजिए बंधन-शिथिल प्रार्थना मेरी यह,
मेधा-बुद्धि कोमल कीजिए याचना मेरी यह।
किसी भी कर्म का बंधन मुझे जकड़े नहीं,
धर्म के अनुकूल बरतूं अधर्म मुझे पकड़े नहीं।।

'नित्य' मेरे साथ हो मुझे नित्य ही आभास हो,
'नित्य' पर नित्य ही निश्चल अडिग विश्वास हो।
जब नित्य मेरे साथ है भयभीत हो सकता नहीं,
नित्य के साथ से व्याकुल चित्त हो सकता नहीं।।

जीवनाधार हमारा 'नित्य' है नित्य ही शृंगार है,
नित्य ही माता हमारी और नित्य पालनहार है।
अनुशासित हमारा कर्म हो धर्म के अनुकूल भी,
हम नित्य से शासित रहें बिखरे हुए हों शूल भी।।

❐

[67]

‘शुद्ध’ हमारा मार्गदर्शक...

सब अशुद्धियों से मुक्त है शुद्धस्वरूप जिसका,
‘शुद्ध’ वह मूल में समरूप नहीं भूप जिसका।
‘शुद्ध’ की उपासना ही ‘शुद्ध’ हमको कर रही,
‘शुद्ध’ से ही शुद्ध होकर बुद्धि निर्मल हो रही।।

‘काम’ मुझसे छूट रहा आसक्ति मुक्त बन रहा,
‘क्रोध’ मुक्ति दे रहा शुद्ध बुद्ध मुक्त बन रहा।
बंधन शिथिल हो रहे ‘मोह’ भाग रहा छोड़कर,
मैं मुक्त ‘मद’ से हो रहा खड़ा दूर मुंह मोड़कर।।

‘शुद्ध’ बैठा देखकर लोभ का आसन हिला,
थैला उठाकर चल दिया ढह गया उसका किला।
छलनी किया है ईर्ष्या ने खा रही दीमक के सम,
‘शुद्ध’ की संगत मिली तो ईर्ष्या हो गई खत्म।।

नफरती व्यापार जग में नफरती बाजार है,
बातों में घृणा बस रही नहीं ‘शुद्ध’ का विचार है?
उज्जवल हों भाव सबके-शुद्ध हों विचार भी,
हो मिठास वाणी में सभी के शुद्ध नवाचार हो।।

पूंजी हमारी शुद्ध हो अवश्य ‘शुचिता’ अर्थ में,
परिवेश हमारा शुद्ध हो लड़ते न हों व्यर्थ में।
शुद्ध होकर हम करें ईश्वर ‘शुद्ध’ की उपासना,
‘शुद्ध’ हमारा मार्गदर्शक हो दूर हमारी वासना।।

❑

[68]

... हमारे वेद कहते 'बुद्ध' हैं

यज्ञ हो जीवन में हमारे प्राण भी हो यज्ञमय,
अपान में भी यज्ञ हो व व्यान भी हो यज्ञमय।
उदान समान में यज्ञ हो जीवन मेरा हो यज्ञमय,
वेद कहता चक्षु श्रोत्र मन आदि भी हों यज्ञमय।।

यज्ञ रूप प्रभु हमारा यज्ञ का दे रहा संदेश है,
जो भी कुछ करता है ईश्वर यज्ञ का उपदेश है।
है समर्थ ब्रह्मा यज्ञ से और आत्मा भी समर्थ है,
समर्थ ज्योति यज्ञ से यज्ञ भी यज्ञ से समर्थ है।।

यज्ञ रूप प्रभु को हमारे वेद कहते 'बुद्ध' हैं,
सभी को जानता परमेश्वर तभी तो वह बुद्ध है।
कहां से बैठा देखता, कौन क्या है कर रहा?
शांत होकर देखता अन्वीक्षण सबका कर रहा।।

कर्म के करने से पहले परिणाम पर विचारिये,
कर्म का फल देगा ईश्वर कटुसत्य को पहचानिए।
परमात्मा के अनेक 'चक्षु' देख रहा है आपको,
बच नहीं पाओगे उससे मन से मिटा दो पाप को।।

स्वाध्याय से ही उन्नति होती हमारी आपकी,
कटते हैं बंधन पाप के करे उन्नति संसार भी।
जब तक जिएं संसार में करते रहें शुभ कर्म ही,
परब्रह्म सब कुछ जानता शुभ अशुभ कर्म भी।।

❒

[69]

'मुक्त' जीवन मुक्त करता...

कल्याण की हो कामना सर्वहित की साधना,
जीवन सफल होता तभी शुद्ध होती प्रार्थना।
माता पिता की साधना का नहीं है कोई मोल,
ईश्वर के उपकार को कौन सा कहा है तोल?

उपकार करता जा रहा फिर भी रहता मुक्त है,
अशुद्धियों से दूर है और शुद्धियों से युक्त है।
नहीं ढूंढ पाओगे ढूंढ कर भी अवगुण कोई,
ऐसा पिता परमेश्वर मिल पाएगा न और कोई।।

परिष्कृत करते रहो निज आत्मा को नित्य ही,
मिल जाएगा परमेश्वर मिल जाएगा सत्य भी।
जिसको चले हो खोजने उसी रंग में रंग जाइए,
चाहते हो मुक्ति पाना तो 'मुक्त' के हो जाइए।।

लाली चला जो खोजने वह 'लाल' स्वयं हो गया,
मुक्ति चला जो खोजने वह 'मुक्त' स्वयं हो गया।
जीवन मुक्त हो संसार से ज्ञानी तप से खोजते,
साक्षात्कार की युक्तियां पुनः पुनः हृदय सोचते।।

तपस्वी हो तप कीजिए-ऋग्वेद हमसे कह रहा,
'मुक्त' से संवाद करने का परामर्श हमको दे रहा।
मुक्ति के अभिलाषी बन संवाद निरंतर कीजिए,
'मुक्त' जीवन मुक्त करता याद निरंतर कीजिए।।

❒

[70]

नित्यशुद्धबुद्धमुक्त है...

नित्यशुद्धबुद्धमुक्त है पिता हमारा ईश्वर,
योगिजन इसी रूप में पुकारते परमेश्वर।
ढूंढते फिरते हो व्यर्थ ही उसको न जाने कहां?
हृदयगुहा में देखिए मिल जाएगा निश्चय वहां।।

तप और विद्या सहज ही हमको मिलाते इष्ट से,
निर्मल, पवित्र हृदय बने निश्चय बचे अनिष्ट से।
अधीरता को त्याग कर नित साधना करते रहो,
तप त्याग से मिलते रहो संवाद भी करते रहो।।

स्वाध्याय में प्रमाद करना अनिष्टकारी जानिए,
व्यर्थ में बीतेगा जीवन ऋषि की वाणी जानिए।
नित्य शुद्ध बुद्ध मुक्त का ध्यान निरंतर कीजिए,
दिव्य गुण उपजेंगे भीतर ध्यान उनका कीजिए।।

'नित्य' से संवाद करना आत्मा का परिष्कार है,
दिव्यता का आगमन बुराई का बहिष्कार है।
उपजेंगे 'शुद्ध' भाव तो विचार में शुद्धि आएगी,
शुद्धता ही देखना हमारी शख्सियत बन जाएगी।।

'बुद्ध' के चिन्तन से हमारी सात्विक बुद्धि बढ़े,
निर्मल बुद्धि की शुद्धता से ऋषि शिखर पर चढ़े।
'मुक्त' का चिंतन हमारी मुक्ति का हेतु बने,
भवबंधनों को काटने का निश्चय यही सेतु बने।।

❐

71

निराकार होकर ईश्वर...

अगला हिस्सा बाल का उसके भी हिस्सा सौ करो,
सौवें का भी सौवाँ हिस्सा उसकी कैसे नाप करो?
जीव का परिमाण करना है कभी संभव नहीं,
आकार उसका यंत्र कोई माप सकता है नहीं॥

जीव से भी सूक्ष्म ईश्वर परिमाण उसका है नहीं,
सूक्ष्म से सूक्ष्म भगवन साकार हो सकता नहीं।
परिमाण करना यन्त्र से भी ईश का संभव नहीं,
वेद ने निराकार कहकर बात युक्ति-युक्त कही॥

परमाणु से भी संयुक्त होना जीव को संभव कहा,
परमात्मा उससे भी व्यापक-ऐसा वेदों ने कहा।
जीव से भी सूक्ष्म ईश्वर उसमें भी व्यापक हो रहा,
वेद में महिमा का उसकी गुणगान सर्वत्र हो रहा॥

स्वभाव से परमात्मा है मित्र हर जीव का,
निर्धारित हर जीव की करता है वही जीविका।
साधन बनाकर ज्ञान देता लुटाता अपनी संपदा,
उपदेशकों का है गुरु साथ रहता सभी के सर्वदा॥

कोई रूप उसका है नहीं वही धारता संसार को,
देख न पाती आंख कुशल स्रष्टा शिल्पकार को।
निराकार होकर ईश्वर परम-सर्वशक्तिमान है,
कोई नहीं जग में जिसे सब शक्तियों का ज्ञान है॥

❒

[72]

नाम 'निरंजन' भी कहा

निराकार परमेश्वर का नाम 'निरंजन' भी कहा,
द्वंद्व भाव से है मुक्त ईश्वर उसने स्वयं ही कहा।
ज्ञानेंद्रियां मिली जीव को सहाय रक्षक रूप में,
ज्ञान मिलता जीव को वस्तु का यथार्थ रूप में।।

हर स्थान पर परमात्मा दिखाई देता है नहीं,
परम शक्तिशाली भगवन पता हमें देता नहीं।
उसे आकृति में बांधना बहुत ही दुष्कर कृत्य है,
म्लेच्छाचार वह करता नहीं जो महा अपकृत्य है।।

दुष्ट कामना उसको छुएं यह कभी संभव नहीं,
है कौन ऐसा काम जग का जो उसे संभव नहीं?
वह इंद्रियों से मुक्त है-फिर भी शक्ति संपन्न है,
वह समर्थ हर काम में कहीं से नहीं विपन्न है।।

इंद्रियों से मुक्त ईश्वर विषयों में फंसता नहीं,
न्यायसंगत कर्म करता अन्याय वह करता नहीं।
निराकार निरंजन रूप में संसार का कर्ता वही,
व्यवस्था बनाता विश्व की दु:खहर्त्ता भी वही।।

वह पूर्ण है परमात्मा और पूर्ण ही रहता सदा,
उस पूर्ण के ही गीत गाता वेद हमारा सर्वथा।।
पूर्ण से अलग पूर्ण को कोई कर सकता है नहीं,
पूर्ण पूर्ण ही रहेगा इससे अलग कुछ भी नहीं।।

❐

[73]

गणेश नाम भी मिला

'गण' के स्वामी ईश को गणेश नाम भी मिला,
'गणेश' ही शासक जगत के सार वेदों से मिला।
'गणेश' से ही गणतंत्र का विकास भारत में हुआ,
गणराज्य व गणतंत्र क्या पता भारत से चला।।
'गणेश' ही गणतंत्र का सही सार...

'गणेश' ही गणतंत्र का सही सार-भूत सत्य है,
गणतंत्र व गणराज्य का विचारक भारत देश है।
लोककल्याणकारी राज्य का गणेश ही आधार है,
जन-जन की भावनाओं का गणेश ही विस्तार है।।

गणेश और इतिहास का गणराज्य से संबंध है,
सारे विश्व में गणतंत्र का भारत देश से अनुबंध है।
गणतंत्र की धारा बही भारत से सारे विश्व को,
गया विचार लोकतंत्र का आर्यों से सारे विश्व को।।

गण के कल्याण की जो बात करता सर्वथा,
गणतांत्रिक शासन वही लोकतंत्र भी है सर्वदा।
गणतंत्र ही 'गणेश' का साक्षात दिव्य भव्य रुप है,
'रिपब्लिक-विश्व' गणेश का अति विकृत रूप है।।

शासन-हितार्थ गणतंत्र का दिव्य-रूप जानिए,
'गणेश' का लोकतंत्र से संबंध गहरा जानिए।
हितकारी सत्य जानकर परिचित कराओ विश्व को,
लोकतंत्र व 'गणेश' का संबंध बताओ विश्व को।।

❑

[74]

'गणपति' परमात्मा है...

संसार के कल्याण में निरंतर लगा परमेश्वर,
प्राणियों का प्राण है-उपकार करता ईश्वर।
विश्वपति परमात्मा ही सच्चा सखा है विश्व का,
उसकी इच्छा के बिना पत्ता न हिलता वृक्ष का।।

'गणपति' परमात्मा है नाम उस जगदीश का,
मिलता पता मित्र हमको विश्व स्वामी ईश का।
गण के स्वामी ईश को ही 'गणपति' मानिए,
ध्यान कभी लगता नहीं उसे दुष्टमति जानिए।।

स्वसामर्थ्य से पालन करे संसार का परमात्मा,
'गणपति' कहती उसी को संतजनों की आत्मा।
'गणपति' शासक हमारा विश्व का कल्याणकर्ता,
दाता सुखों का है वही विश्व का उद्धार करता।।

हे दयामय दीनबंधु! तुमसे यही है प्रार्थना,
अपनी कृपा का पात्र समझो पूर्ण करो साधना।
गणपति तेरे बिना नहीं आनंद है किसी ठौर भी,
शुद्ध मन से कह रहा हूं कीजिए कुछ गौर भी।।

जीवन दिया आपने आत्मकल्याण की गाथा रचूँ,
जप करूं बस आपका-जब तलक जग में रहूं।
वेद, धरती, मेघ आदि पिलाते रहें अमृत हमें,
प्राप्त हो आनंद हमको 'गणपति' के ध्यान में।।

❐

[75]

सर्वेश्वर होकर जगस्वामी...

'अधिष्ठाता' सारे विश्व का परमेश्वर भगवान ही,
'सर्वेश्वर' एक नाम उसका बताता वेद ज्ञान भी।
सर्वव्यापी परमात्मन! स्वप्रकाश ज्ञानस्वरूप हैं,
सकल सुखदाता परमेश्वर संपूर्ण विद्या युक्त हैं।।

विश्व विधाता ईश्वर के चरणों पर पुष्प चढ़ाता मैं,
सर्वेश्वर विश्व स्रष्टा की गाथा के गीत सुनाता मैं।
विश्व विधाता सर्वेश्वर ने यह ब्रह्मांड संवारा है,
सर्वेश्वर परमपिता हमको ज्ञान पीयूष पिलाता है।।

जगतपिता सबका स्वामी सबको स्वस्तिदायक है,
सर्वेश्वर होकर जगस्वामी संपूर्ण जगत का नायक है।
सर्वेश्वर सर्व-व्यापक ही आत्मज्ञान का दाता है,
दुर्गुण मिटते सारे उसके शरण जो उसकी आता है।।

सूर्य-चंद्र को धारण करता जगनायक परमपिता,
राज नहीं कोई ऐसा-जो 'सर्वेश्वर' से रहे छिपा।
सुखस्वरूप उस ईश्वर के गीतों में मुझे आनंद मिले,
लगन रहे मेरे मन में मुझको वह करुणाकंद मिले।।

आदित्य ब्रह्मचारी ज्ञानीजन सर्वेश्वर का ध्यान करें,
उन्हीं के पदचिह्नों का विवेकी जन भी ज्ञान करें।
जिनको सर्वेश्वर पाना हो प्रातः काल में भजा करें,
सर्वेश्वर जब मिल जाता घर में खुशियां सजा करें।।

❒

[76]

'कूटस्थ' बताया उसको...

विविध जगत का प्रकाशक परमपिता परमेश्वर है,
विराट, अग्नि, विश्व-नियंता सबका दाता ईश्वर है।
सर्वत्र प्राप्त होता है ईश्वर-ऋषियों का मंतव्य यह,
सबमें प्रविष्ट परमेश्वर ही हम सबका प्राप्तव्य वह।।

हिरण्य अमृत और कीर्ति उसी ज्योति के नाम कहे,
प्रकाशमय लोक जगत के उसमें ही निवास करें।
अनंत बल से युक्त परमेश्वर सबको धारण करता है,
उसकी भक्ति से जीवन सफल हो जाया करता है।।

'कूटस्थ' बताया उसको दयानंद का यह विचार,
'सत्यार्थ प्रकाश' पढ़ देखो हो जाएगा बेड़ा पार।
ज्ञान-स्वरूप परमेश्वर को अपना इष्ट बनाना है,
भू: भुव: स्व: ईश्वर के उपासक बन दिखलाना है।।

अमृत है संतोष जगत में ईश्वर की भक्ति से मिलता,
कूटस्थ को पाने वाले का पुष्प सम जीवन खिलता।
शांत चित्त वालों को मिलता भक्ति भी परवान चढ़े,
नित्य निरंतर करे उन्नति जिस मानव ने वेद पढ़े।।

तपस्या अध्ययन दान करो संतोष नहीं शोभा देता,
जितना चाहो उतना कर डालो वेद हमें आज्ञा देता।
व्याप्त वह सब व्यवहारों में और सबका भी आधार,
नहीं बदलता स्वरूप वह अपना सर्व-जीवनाधार।।

❐

[77]

'देव' वही 'देवी' भी वही...

'देव' वही 'देवी' भी वही ईश्वर के हैं दोनों नाम,
'महादेव' है पिता हमारा पाना ही है उसका धाम।
यदि अनात्मा में आत्मा को खोजता है जन कोई,
फंसा अविद्या पाश में बचा न पाएगा उसको कोई।।

जो आत्मा को देखता है अनात्मा के रूप में,
अविद्या में फंसा मानो उसे आदमी के रूप में।
समझिए 'देव' क्या और क्या काम है उसका,
अलौकिक दिव्य सत्ता है देना काम है उसका।।

देता जा रहा हमको नहीं कोई भेद करता है,
सर्व रक्षक पिता हमारा है यही वेद कहता है।
उसी के नाम की चर्चा उसी के नाम का जलवा,
जगत में वही व्यापक यही है वेद का 'फतवा'।।

'देवी' रूप में हमको जगत में मिल गई 'माता',
करती निर्माण हम सबका वेद कहता है निर्माता।
"देव" के रूप में हमको पिता दिया विधाता ने,
पिता रक्षक हमारा है विशिष्टता दी विधाता ने।।

पिता को देव समझेंगे जिएंगे जब तलक जग में,
'देवी' तुल्य हो माता रहेंगे जब तलक जग में।
ईश्वर दीखता हमको इन्हीं दोनों के चेहरों में,
करें हम नाम आलोकित-जीवन की बहारों में।।

❐

[78]

'शक्ति' से शक्ति मांगिए...

शक्तिशाली परमात्मा ही परम-ऐश्वर्य संपन्न है,
पक्षपाती है नहीं रखता हर जीव को प्रसन्न है।
सभी करने में सक्षम है समर्थ सबको बनाने में,
आनंद मिलता भक्त को उसी के गीत गाने में।।

'शक्ति' मिलती भक्ति से निशदिन कीजिए चिंतन,
खुलेगा हृदय पट तेरा जब होगा ईश्वर-दर्शन।
भटकना है नहीं जग में करनी 'शक्ति' की पूजा,
शक्ति पानी भक्ति से नहीं कोई काम हो दूजा।।

है जीवन नाम चलने का नहीं रुकना हमें होगा,
आये कितना बड़ा संकट नहीं झुकना हमें होगा।
हम शक्ति के उपासक हैं नदी के पार जाना है,
थकना काम कायर का हमें तो लक्ष्य पाना है।।

यह शोभा नहीं देता 'पथिक' कहीं हारकर बैठे,
वीर के लिए अनुचित है-दुर्बल पर यूं ही ऐंठे।
चलते-चलते ही मिलती है मंजिल वीर मानव को,
'शक्ति' प्राप्त मानव ही मिटाता दुष्ट दानव को।।

'शक्ति' से शक्ति मांगिए बनूं दुर्बल का रक्षक मैं,
दुर्बल को सहारा दूं बनूं दानव का भक्षक मैं।
वह 'शक्ति' मुझे देना जो दीनों की सहायक हो,
परमेश्वर साथ मेरे हो नायक और विधायक हो।।

❐

[79]

'श्री' आनन्ददाता और...

'श्री' नाम है तेरा तू आश्रय है जगत भर का,
आया जो शरण तेरी तू उसको गोद में भरता।
सारे जग में घुमा हूं नहीं तुझ सा मिला कोई,
तुझे आ मिला जबसे न अभिलाषा रही कोई।।

तेरे गीतों को गाते आए हैं ऋषि पूर्वज प्यारे,
लगाए आनंद में गोते मिटे दुख दर्द भी सारे।
'श्री' आनन्ददाता और सबका आश्रयदाता है,
शरण जो भी आता है गले उसको लगाता है।।

मिला हूं जिनसे भी जग में सभी दोषों में डूबे थे,
कहीं मैं उनसे ऊबा था कहीं वे मुझसे ऊबे थे।
अभिलाषा एक थी मेरी शरण दीजिए मुझको,
मानूं तुझको मैं अपना सर्वस्व सौंप दूं तुझको।।

तेरा आश्रय मेरा सम्बल तू ही महादेव मेरा है,
तू ही बंधु-सखा मेरा तू ही करतार मेरा है।
जगन्निर्माता तुम ही भगवन सबके सहारे हो,
करुणा के धाम हो भगवन रक्षक हमारे हो।।

प्रबलों में भी प्रबल हो दूसरा प्रबल नहीं कोई,
सर्वगुणनिधान हो भगवन तुम सा नहीं कोई।
सर्वाश्रय है जगत का तू शरणार्थी जीव सारे हैं,
आसरा छोड़कर जग का तेरे दर पर पधारे हैं।।

❒

[80]

...लक्ष्मी नाम है उसका

शोभाओं की शोभा है सभी को देखता ईश्वर,
बनाता है चराचर को विप्र का लक्ष्य है ईश्वर।
जल के कण बनाए रक्त, श्वेत, मृतिका उसने,
सूर्य, चंद्र आदि बनाए और पाषाण भी उसने॥

बनाता पत्तों को भगवन पुष्पों को सजाता है,
सभी का वही कारण यही समझ में आता है।
पूर्व से सूर्य उगता बढ़ता फिर तेज भी उसका,
चंद्रमा घटता बढ़ता है बताता है पता उसका॥

कहीं घास हरियाली कहीं खेतों की लहलाहट,
कहीं पर ताल हैं गहरे कहीं पर धूल की आहट।
कहीं पर वृक्ष हैं ऊंचे तो कहीं पर रेत उड़ता है,
कहीं बसंत छाया है कहीं सूखी वसुंधरा है॥

जो इन सबको बनाता है लक्ष्मी नाम है उसका,
ईश्वर 'लक्ष्य' है सबका बड़ा दरबार है उसका।
उसी की खोज है जग में साधनारत सभी योगी,
उसी को चाह रहा रोगी उसी को चाह रहा भोगी॥

लीजिए 'लक्ष्य' में उसको बड़ा आनंद आएगा,
हृदय झूम जाएगा जब वह करुणाकंद आएगा।
हृदय सौंप दो उसको-बड़ा छोटा सा सौदा है,
तोले दो तोले के बदले वो देता टनों में सोना है॥

❒

[81]

सरस्वती की साधना...

सरस्वती की साधना मुक्ति का साधन मानिए,
मिटती हैं सारी भ्रांतियां उत्कृष्ट चिंतन जानिए।
ईश्वरीय रचना निराली स्वयं भी अद्भुत वह,
है जीव की कृति विलक्षण कैसा स्रष्टा है वह।।

सरस्वती की साधना ही इहलोक में आनंद दे,
बढ़ता है 'ब्रह्म-ज्ञान' तो परलोक में आनंद दे।
जितनी भी भौतिक संपदा संसार में उपलब्ध है,
सरस्वती के पुत्र को वह सहज ही उपलब्ध है।।

'वृषा' बन सुख बरसाता सरस्वती का साधक,
बड़ी से बड़ी कठिनाई भी बन न पाती बाधक।
संकट के बादल छंट जाते आती सुख की छाया,
सुखसंपन्न बनता जीवन सुखमय होती काया।।

भीतरी जगत में होने लगती एक मनोरम हलचल,
क्रांति का अनुभव होता सर्वत्र दिखता परिवर्तन।
जीने की चाह बढ़ती जाती आशामय जीवन होता,
नैराश्य भाव मिटता जाता जीवन आलोकित होता।।

सिद्धि के लिए मानव आया नहीं निरर्थक जीवन,
सुख सामग्री खूब बढ़ा मिला तुझे उत्तम नरतन।
बुद्धि वैभव का भोले मानव तू भी लाभ उठा ले,
'सरस्वती' का साधक है-तू सच्चाई को पा ले।।

❐

[82]

... तू सर्व शक्तिमान है

परमेश्वर परावलंबी है नहीं सर्वशक्तिमान है,
क्रांतदर्शी है दयालु अटल विधि विधान है।
उन्नायक सभी का ईश्वर आदेश शिरोधार्य,
उसी को अपना मानते आए हैं वैदिक आर्य।।

मैं काम क्रोध से जल रहा लोभ में फंस रहा,
मोह नहीं छूटता मैं मद में नित्य सड़ रहा।
जीवन है सारे विश्व का पवित्र मेरा परमेश्वर,
मुझको पवित्र कीजिए यही प्रार्थना है ईश्वर।।

तू सर्वशक्तिमान है शक्ति का संचार कर,
दयानिधि! तू आग है आग का संचार कर।
विमल हो चित्त मेरा तेरी शक्ति के संचार से,
बढ़ता रहूं मैं निरंतर प्रभुवर आपके प्यार से।।

हे पूज्यतम परमात्मा! तेरी शक्तियां अनंत है,
अज्ञानी मैं अल्पज्ञ हूं मेरी शक्तियां भी सांत हैं।
जीवन का मेरे लक्ष्य हो शक्तियों की साधना,
हे करुणानिधि सुन लीजिए भक्त की प्रार्थना।।

सहायता की इच्छा नहीं तू सर्व शक्तिमान है,
काम करता स्वयं सारे ऐसा वह भगवान है।
मैं अल्पज्ञ हूं नहीं जानता-स्तुति कैसे करूं?
सर्वशक्तिमान ईश की उपासना कैसे करूं?

❒

[83]

परमपिता न्यायकारी है...

पक्षपातरहित आचरण जो धर्म के अनुरूप है,
न्याय वही माना गया व्यवस्था वेद के अनुकूल है।
पक्षपातरहित धर्म करना काम न्यायाधीश का,
न्यायाधीश का स्वभाव ही कहा गया है ईश का।।

सुख-दु:ख का भोग करती आत्मा स्वयं ही,
दृष्टा-भाव से देखता उसे परमात्मा स्वयं भी।
जब फंस जाता है जीव बुरे कर्मों के जाल में,
तब परमपिता परमात्मा दंड देता हर काल में।।

जीवात्मा संसार में आती और जाती अकेली है,
संगी साथी नहीं है साथ में अनसुलझी पहेली है।
कौन क्या लेके आया है और क्या लेके जाएगा?
परमात्मा के न्याय से सबको पता चल जाएगा।।

हृदय को कूड़ादान बनाकर हमने ही रख दिया,
कबाड़ा कर लिया अपना सब मिटाके रख दिया।
"मत कीजिए गलती" -हमें कई बार टोका था,
नहीं माने तो जाकर अंत में हमको ही ठोका था।।

हमें जगना समय रहते-समझदारी इसी में है,
जगाता है दयालु नित्य यह शक्ति और किसमें है?
सुनो हृदय की वाणी को ईश्वर कुछ कह रहा हमसे,
परमपिता न्यायकारी है नहीं करता अति हमसे।।

❒

[84]

दयालु दंड देकर कर रहा...

अभय का दान देता दयालु-दयानिधान है,
जानता है सर्व विद्या अनंत कृपानिधान है।
होते हैं अपराध हमसे अनेक इस संसार में,
अज्ञानता अल्पज्ञता के हम सभी शिकार हैं।।

मनुष्य जीव धन्य है सभी प्राणियों में श्रेष्ठ है,
कर्म योनि पाकर धन्य है बुद्धियों में ज्येष्ठ है।
भोग करता साधनों का जितने भी प्राप्त हैं,
पाने का पुरुषार्थ करता जितने भी अप्राप्त हैं।।

कर्म करता अकरणीय जो निषिद्ध था धर्म से,
गहन गहवर में गिर जाता अपने निज कर्म से।
दिखाता है दया फिर भी उठाता अपने हाथों से,
उठाकर गोद में लेता कभी ना मारे लातों से।।

लगी है लत हमें ऐसी करते गलती पर गलती,
फिर भी प्यार करता है लगाता प्यार की थपकी।
दयालु कह गए उसको दया करके दिखाता है,
सर्वोद्धार करता है सभी को सन्मार्ग दिखाता है।।

दंड से दे रहा हमको सुधर जाने का वह अवसर,
हमें सुंदर काम करने हैं दिखाना बनके है सुंदर।
यही चाहता दयालु भी तनिक भी है नहीं निर्दय,
दयालु दंड देकर कर रहा हर जीव को 'निर्भय'।।

❒

[85]

"अद्वैत" सत्ता ईश की...

परमात्मा दो हैं नहीं 'अद्वैत' ऋषियों ने कहा,
होना दो संभव नहीं-यही मत वेदों ने दिया।
परमात्मा की भांति ही वसुधा का राजा एक हो,
हम शांति अनुभव करें राजा अपना नेक हो।।

"द्वैत" से है दूर ईश्वर सजातीय उसका है नहीं,
जगदीश्वर तो 'एक' है-दो से युक्त संभव नहीं।
विखंडन को जन्म देती "दो" की सत्ता विश्व में,
सद्भाव को जन्म देती "एक" की सत्ता विश्व में।।

जगत नियंता परमेश का विजातीय भी है नहीं,
जिसको सजातीय है नहीं विजातीय संभव नहीं।
"अद्वैत" सत्ता ईश की उपमा भी उसकी है नहीं,
अनुपम निराला है वह इसमें कभी दो मत नहीं।।

हम हैं उपासक "एक" के हमें गर्व होना चाहिए,
उसके लिए हम हों समर्पित-भाव होना चाहिए।
'एकता' का भाव हमारे हृदय में होना चाहिए,
सबका पिता जब 'एक' है हमें एक होना चाहिए।।

परिवार हमारा 'एक' हो वसुधा जिसका नाम हो,
समाज सारा 'नेक' हो 'आर्य' सभी का नाम हो।
'विखंडन' का भाव हमसे हजार मील दूर हो,
मिल के रहें मिल के चलें हृदय में संगठन सूक्त हो।।

❐

[86]

पालक पिता 'निर्गुण'...

पालक पिता 'निर्गुण' हमारा गुणों में विशेष है,
सत,रज,तम से दूर उसको आता न आवेश है।
रूप, रस, गंध आदि से है संबंध नहीं ईश का,
जड़ के गुणों से मेल कैसे हो सकेगा ईश का?

जीव राग द्वेष में फंस रहा अज्ञानता के भाव में,
फल से कभी न बच सकेगा पाएगा हर हाल में।
शुद्ध-बुद्ध-मुक्त ईश्वर स्वयं मुक्त राग-द्वेष से,
'निर्गुण' पिता परमेश्वर है मुक्त द्वंद्व-भाव से।।

गुणरहित भगवान को स्पर्श का कोई मोह नहीं,
रूप का लालच नहीं उसे मद तनिक भी है नहीं।
शब्द ब्रह्म वह स्वयं है-त्रुटि-दोष उसमें है नहीं,
निर्गुण होकर है 'गुणी 'वेद समझाता है यही।।

जो काम है भगवान का उसे वही कर पाएगा,
मानव लगा ले जोर कितना न कभी कर पाएगा।
निर्गुण की उपासना से मिलता अलग आनंद है,
अलौकिक बोध होता भक्त को मिले परमानंद है।।

अविद्या आदि क्लेश से ईश्वर रहता मुक्त है,
फंस रहा है जीव इनमें करता अनुभव कष्ट है।
ईश्वर के संबंध में दे रहे 'उपनिषद' प्रमाण हैं,
गुणरहित ईश्वर को 'निर्गुण' कहा सप्रमाण है।।

❐

[87]

हर पदार्थ जग का है सगुण...

है गुणों से युक्त भगवन रखता अति पवित्रता,
सारे जगत में व्याप्त है चहुंओर है विचित्रता।
है गुणों से युक्त भगवन 'सगुण' संज्ञा दी गई,
उससे न भिन्न दूसरा 'अनुपम' संज्ञा दी गई॥

गंध आदि गुणों से युक्त धरती की सगुणता है यह,
इच्छादि गुणों से है रहित धरा की निर्गुणता है यह।
जगत और जीव के गुण ईश्वर में संयुक्त हैं नहीं,
कहा गया 'निर्गुण' उसे कुछ और उपयुक्त है नहीं॥

सर्वज्ञ, सर्वव्यापक वही सर्वाधार है संसार का,
अपने गुणों में है निराला भव पार सबको तारता।
खेवनहार सबकी नाव का सृजनहार है संसार का,
वही सबको बसेरा दे रहा पार नहीं उपकार का॥

नाना कर्म प्रवीण भगवन अनंत गुण-निधान है,
जीव का संयोग कर करता शरीर का निर्माण है।
प्राणप्रद परमेश्वर की कुशलता वंदना के योग्य है,
आत्मा का आत्मा परमात्मा प्रार्थना के योग्य है॥

हर पदार्थ जग का है सगुण और निर्गुण साथ में,
परमात्मा भी है 'सगुण' खोजो उसे परमार्थ में।
शरीरादि के साथ संबंध होना आत्मा का जन्म है,
अनादि-आत्मतत्व का यह रहस्यमयी तथ्य है॥

❐

[88]

सभी को अंतर्यामी देख रहा...

नियम करता है सभी का ज्ञानस्वरूप परमात्मा,
वही प्राणियों की आत्मा अप्राणियों की आत्मा।
है आत्मा में भी वही और सर्वजगत की चेतना,
वही चेतनों की चेतना वेद कहते परम चेतना।।

दुष्कर्मकारी लोग करते-जाते दिन-रात पाप,
समझ नहीं पाते उन्हें परमेश्वर देख रहा है आप।
ऋत पर चल नहीं पाते नहीं कर पाते पुरुषार्थ,
सुकर्मा की साधना से छूट जाता उनका साथ।।

सभी को अंतर्यामी देख रहा भीतर बैठा चुपचाप,
हम ही नहीं देख पाते प्रभु रहते हमारे साथ-साथ।
मनायु होकर मनन कीजिए यह वेद का संदेश है,
अंतर्यामी तुम्हें देख रहा यही वेद का उपदेश है।।

नहीं कर सकते श्रवण मनन मंद, मूढ़मति, मूर्ख,
समझ लीजिए इनकी गति जैसे कुएं में मंडूक।
प्रीति की रीति क्या है? कौन समझ पाया इसे,
खोज लिया हो अंतर्यामी वही समझ पाया इसे।।

श्रवण मनन कीजिए-समझोगे स्वरूप उसका,
कल्याण निश्चय ही करेगा प्यारा भूप विश्व का।
गुण-गण चिंतन कीजिए व दिव्य दर्शन कीजिए,
प्रीतिपात्र बनने के लिए स्वयं समर्पण कीजिए।।

❒

[89]

'धर्मराज' भगवान ने...

मैं मर्त्य हूं, मारता रहा हूं और मरता ही रहूंगा,
अमृत को पीना है मुझे, प्रार्थना करता रहूंगा।
धर्म का प्रकाश करता 'धर्मराज' परमेश्वर,
चार वेद हमें बतला रहे 'अमृत्य' है परमेश्वर।।

अधर्म से वह है रहित धर्मानुकूल बरतता सदा,
आश्रय वही है प्राणियों का न्याय करता है सदा।
'धर्मराज' है परमेश्वर-दयानंद का व्याख्यान है,
वेद-उपनिषद भी कर रहे ऐसा ही बखान हैं।।

'धर्मराज' भगवान ने वेदवाणी का दान किया,
अमूल्य ज्ञान सौंपकर संसार का कल्याण किया।
धर्म ही सर्वत्र हो धर्म अनुकूल व्यवस्था भी चले,
अनीति और अधर्म की दुष्ट संभावना भी टले।।

न्याय मिलता है तभी जब धर्म हमारे साथ हो,
राज में भी 'धर्म' हो और धर्म में ही राज हो।
धर्मराज के अनुकूल व्यवस्था ढली हो देश की,
यही हो ढाल लोकतंत्र की अस्मिता हो देश की।।

'धर्मराज' की उपासना का अर्थ बस 'एक' है,
हमारा लक्ष्य सबका 'एक' साध्य सबका 'एक' है।
हम 'एक' के पीछे चलें और 'एक' को आगे रखें,
'एक' से भी 'एक्य' मांगें-प्रार्थना में ध्यान रखें।।

❐

[90]

'यम' भी प्रसन्न होगा...

न्यायशील परमात्मा न्यायाधीश प्राणीमात्र का,
'यम' उसको कहा गया देख उसकी पात्रता।
है कल्याणकारी भक्त का रखता सदा ध्यान है,
ज्ञान धन भी दे रहा परमपिता दयानिधान है।।

प्राणियों का कर्म-फल देना ईश्वर के हाथ है,
कर्मफल देते समय किसी का न लेता साथ है।
राजा को भी लोक में मिला विशेषाधिकार है,
दुष्टों को दंड देता, उसे सज्जनों से प्यार है।।

जब तक जिएं संसार में उद्योग में सन्नध रहें,
सात्विक मनोरथ भाव से ईश्वर से संबद्ध रहें।
सात्विक मनोरथ भाव से बुद्धि बनेगी सात्विक,
सात्विक परिवार होगा संसार बनेगा सात्विक।।

'यम' रूप में वह कह रहा पुण्यमय जीवन करो,
प्रसाद में लड्डू मिलेंगे निज मन को प्रसन्न करो।
हिंसा व रक्तपात का इतिहास कौन याद करे?
जिसका पुण्यरत जीवन रहा संसार उसे याद करे।।

दिल विजय कीजिए अक्षय विजय की चाह रख,
मिल जाएगी अंतिम विजय धैर्य थोड़ा सा रख।
'यम' भी प्रसन्न होगा तेरा देख कर खाता बही,
बीज मीठा तो फल भी मीठा-बात भी मीठी कही।।

❐

[91]

'भगवान' ही मेरा है...

समग्र ऐश्वर्य से युक्त है और भजने योग्य है,
'भगवान' उसका नाम है सुमिरण के योग्य है।
शिरोधार्य हो आदेश तेरा चाहे जब आदेश दे,
आदेश का पालन करूं जिसका तू आदेश दे।।

प्रीति मेरी तुझसे लगी, संसार में है कौन मेरा?
तेरी भक्ति में बीत जाए समय का हर क्षण मेरा।
करूं मैं याचना किससे किसे मैं दर्द सुनाऊंगा?
दवा का झूठा दावा है 'सच' दुनिया का बताऊंगा।।

'भगवान' ही मेरा है और मैं 'भक्त' हूं उसका,
वही दर्द की दवा मेरी मैं पुराना रोगी हूं उसका।
प्रेम से वह औषधि देता है मैं स्वीकार करता हूं,
प्रेम से चल रही जगती मैं नमस्कार करता हूं।।

'ऐश्वर्य' मिलता है हमको सच्चे भक्ति भाव से,
मिलते रहो भगवान से हृदय के सच्चे भाव से।
निज ऐश्वर्य खोल देगा परमेश्वर जगत पालक,
लुटाएगा संपदा सारी जगदीश्वर जगत-नायक।।

वाणी उसकी सुन लेना बनाकर स्वयं को रसिया,
'पी'-'पी' बोलते रहना बनाकर स्वयं को पपीहा।
पिलाता है वह 'अमृत' है खजाने में यही उसके,
ऐश्वर्य बांटता सबको हम 'अमृत पुत्र' हैं उसके।।

❐

[92]

'मनु' मन का मित्र...

है विज्ञानशील ईश्वर और मानने के योग्य है,
मनु नाम भी परमात्मा का मनन के योग्य है।
'मनु' से मानव बना, संतान है भगवान की,
संविधान पहला वेद है कृपा मनु महान की।।

व्याधि ने शरीर जकड़ा मन में प्रमाद-संशय,
योगसाधनों से मन हटा निश्चय नहीं है विजय।
योग भूमि न मिले चंचल चित्त भी भगता रहे,
कैसे मिलेगा ईश्वर? मन 'मनु' से हटता रहे।।

विज्ञान में विश्वास कर विज्ञान में विश्वास कर,
विज्ञानशील भी मिलेगा भक्ति पर आस कर।
अंतरात्मा से पूछ अपनी- 'कहां है परमात्मा?'
सुनो-आत्मा का आत्मा, अंतरात्मा परमात्मा।।

'मनु' मन का मित्र और आत्मा का है सखा,
उसके बिना संसार में कौन जीवन जी सका?
सत्य को स्वीकार कर-सत्य को स्वीकार कर,
परमात्मा में विश्वास कर योग को स्वीकार कर।।

संशय मिटते हैं 'मनु' से विज्ञान में बढ़े आस्था,
'ब्रह्मज्ञानी' मानव बने-चलती फिरती संस्था।
'संस्था' बनकर रहो और संपर्क में भगवान के,
नायक विजेता आप हैं वेद विजय अभियान के।।

❐

[93]

उसी 'पुरुष' की वंदना...

पूर्ण हो रहा है जगत में 'पुरुष' उसका नाम है,
मनुष्य का भी लक्ष्य पाना केवल मोक्ष धाम है।
ब्रह्मांड उसकी है पुरी शयन उसी में कर रहा,
भंडार हैं अनंत उसके जग की झोली भर रहा।।

लोकोपकारक कर्म सारे माने जाते 'यज्ञ' हैं,
यज्ञस्वरूप भगवान स्वयं भी कर रहा यज्ञ हैं।
'पुरुष' रूप में व्याप्त है धरती व आकाश में,
हर स्थान उसकी व्याप्ति, है दूर नहीं पास में।।

'स्ववीर्यगुप्त' कहते उसे जो स्वयं से उत्पन्न है,
संतान उसकी हम सभी उसी का खा रहे अन्न हैं,
बल है अपार उसका उसकी शक्ति भी अनंत है,
अंतस्तल में विराजमान सबके स्वयं में अनंत है।।

मर्त्य हैं हम सभी लोकवासी परमेश्वर अमर्त्य है,
सभी यश उसी से मांगते जो स्वयं में अमर्त्य है।
बचाने वाला है श्रेष्ठ जग में मारने वाला है नहीं,
सर्वश्रेष्ठ परमात्मा उसके सम और कोई है नहीं।।

उसी 'पुरुष' की वंदना-स्तुति-उपासना कीजिए,
धर्म हित जीते रहें-यही वरदान उससे लीजिए।
वह सत्य-रक्षक है पिता और दुष्ट-भक्षक भी वही,
सर्वोन्नतिसाधक है दयालु और सुखवर्षक भी वही।।

❑

[94]

'विश्वंभर' की शरण...

'विश्वंभर' है पिता मेरा करता है जगत पोषण,
उसकी दी व्यवस्था में नहीं है कहीं शोषण।
जग को कर रहा धारण पालन भी वही करता,
सुखों की करता है वर्षा दु:खों को वही हरता।।

चल रहा है यज्ञ ईश्वर का मैं नमस्कार करता हूं,
रंग में मैं भी रंग जाऊं पुकार बारंबार करता हूं।
विश्वंभर की शरण लेकर बनूं मैं सत्य अनुरागी,
आस्तिक ईश्वर-भक्त होकर बनूं मैं प्रेमानुरागी।।

बुझाते विवेक का दीपक विषय भोग दुनिया के,
डुबाते हैं मेरी नैया शोक और रोग दुनिया के।
विश्वंभर की शरण मुझको आश्रय दे रही अपना,
अभिलाषी मैं जिसका हूं होगा पूर्ण वह सपना।।

आत्म-कल्याण करने को मैं तेरे दर पर बैठा हूं,
नहीं बहुरूपिया हूं पिता! मैं तेरा ही भक्त बैठा हूं।
मुग्ध जन धोखा खाते हैं-फंस जाते जो माया में,
मुग्धता त्याग कर भगवन तेरे दर पर आया मैं।।

हर पल रूप बदलती है मैं उसी पर मुग्ध होता हूं,
फंसकर माया रूप प्रकृति में मैं बारंबार रोता हूं।
प्रकृति में 'मैं' नहीं खोता-वही मुझको खोती है,
'विश्वंभर' की शरण ही मेरा सही शृंगार होती है।।

❐

[95]

...‘शेष’ बचकर रह रहा,

उत्पत्ति और प्रलय से जो ‘शेष’ बचकर रह रहा,
वहीं ‘शेष’ है परमात्मा ‘शेष’ बनकर रह रहा।
जितनी सृष्टि आज है भगवान उसको जानता,
पूर्व में थी जितनी सृष्टि उसको भी है जानता।।

ज्ञान उसका एकरस और अखंड-वर्तमान है,
वह ‘त्रिकालदर्शी’ है नहीं ‘त्रिकालज्ञ’ भगवान है।
पदार्थ जितने हैं विलक्षण सबको भी है जानता,
अद्भुत का है ज्ञान अद्भुत-सारा विश्व मानता।।

नियमों का धारक वह श्रेष्ठकर्मा भी उसका नाम है,
एकरस अखंडित है सदा उससे पराजित काल है।
उस वरणीय भगवान का ‘अवर्णनीय’ विस्तार है,
ज्ञानवान, सर्वत्र श्रेष्ठकर्ता की महिमा अपरंपार है।।

उस सृष्टिकर्ता के विशेषण तुमको जितने भी मिलें,
वेद की बगिया में मानो विविध विविध पुष्प खिलें।
‘कालातीत’ परमात्मा की विशेषता को जानिए,
कारीगर वही उत्तम जगत का सत्य इसको मानिए।।

वहीं ‘शेष’ है ‘शेष’ के अवशेष कहीं कुछ भी नहीं,
पूर्ण के अवशेष की कल्पना भी कभी संभव नहीं।
‘शेष’ को तुम ‘शेष’ मानो यह ‘शेष’ का अपमान है,
‘शेष’ को भी पूर्ण मानो यही ‘शेष’ का सम्मान है।।

❒

[96]

'काल' से मूर्ख डरते हैं...

परमात्मा महान को जीवों की संख्या ज्ञात है,
दिया नाम 'काल' उसको नमनीय वेदज्ञान है।
हैं पदार्थ जगत में कितने उनको भी जानता है,
सृष्टि का ज्ञान क्या है? वह विज्ञान जानता है।।

नहीं चिंतन में आ सकेगा-संसार वह रचा है,
निरंतर चल रही है रचना, साज सब सजा है।
सब कर रहा वह अकेला चला रहा है अकेला,
नहीं दबा सकता उसे कोई भारी वह अकेला।।

बल है महान उसका, कर्म-ज्ञान महान उसके,
सब कुछ महान उसका भक्त भी महान उसके।
उसकी महानता का भला कौन होगा वक्ता?
प्रभु की अनंत अनादि सत्ता का वेद है प्रवक्ता।।

गणना याद रखता है और संख्या ज्ञात रखता है,
भुगतान सबका कर रहा 'चक्र' चलता रहता है।
कौन आ रहा जग में कब किसे जाना यहां से है?
क्यों आना पड़ा जग में-क्यों जाना यहां से है?

'काल' से मूर्ख डरते हैं वह तो मां की ममता है,
पिता का स्नेह उसमें है कहीं न उसकी समता है।
काल खाता उन्हीं को है जो भगते दूर उससे हैं,
लगाता है गले उनको जो मिलते रोज उससे हैं।।

❐

[97]

'आप्त' का ही ध्यान करो...

सत्य का उपदेश करता 'आप्त' है परमात्मा,
है धर्मात्माओं का कल्याण करता परमात्मा।
धर्माधीश न्यायाधीश उपदेशक 'धर्म' का है,
वही अज्ञानवारक है देता फल 'कर्म' का है।।

छल-कपट करता नहीं उपदेश उसको हेय है,
उस ओर बढ़ाता है जहां लक्षित हमारा ध्येय है।
हृदय उल्लास भरता है सभी को वास देता है,
है रक्षक हमारे साथ में-यह आभास देता है।।

हमें आसन से आगे भासती चोटी प्राणायाम की,
प्रत्याहार आगे भासता-बात करता काम की।
धारणा व ध्यान की चोटी को भक्त करता पार है,
समाधि से गले मिलता जहां आनंद अपरंपार है।।

'आप्त' का ही ध्यान करो आनन्दप्रदाता है वही,
आप्त और आनन्द का यज्ञ-योग बताता है वही।
योग-भूमियों को खोजिए 'आप्त' को साथी बना,
तुम देखना छंट जाएगा-चाहे कुहासा हो घना।।

हे धनेश्वर परमेश्वर! देता आ रहा अनंत काल से,
घटता नहीं है कोष तेरा-बांट रहा खुले हाथ से।
'आप्त' मुझे तृप्त कर-मेरे हृदय की पुकार सुन,
हृदय वीणा बज रही तनिक उसकी झंकार सुन।।

❒

[98]

‘शंकर’ सुनता है मन की...

कल्याण-कर्ता विश्व का जिसका नाम है ‘शंकर’,
सर्वव्यापक जगदीश का गाता गीत हर कंकर।
भक्ति करने से उसकी चढ़ेगी मस्ती ‘शंकर’ की,
हलचल होगी हृदय में पवित्र हो बुद्धि पत्थर की॥

चला चली हो रही जग में तू भी चलता चल जोगी,
‘शंकर’ याद करते हैं तू भी कर ले बात बन योगी।
बजा था ‘डमरू’ ‘शंकर’ का तुझे भी याद वो होगा,
डमरू तब भी बजेगा ‘गुलिस्ता’ बर्बाद जब होगा॥

चाहते तो तुझे सब हैं किंतु मिलता है नहीं सबको,
लोकोत्तर गुणों वाला असाधारण लगता है हमको।
हृदय में तेरी ज्योति का दीपक जल रहा मेरे,
नहीं बुझने कभी दूंगा हृदय के भाव यही मेरे॥

सत्यवादी की वाणी कभी निष्फल नहीं होती,
‘शंकर’ सुनता है मन की भरता सबकी है झोली।
‘निर्भय’ हो मांग ले उससे कह दे, हे मेरे शंकर!
सुन ले भक्त की पीड़ा, भटकता आ रहा दर-दर॥

तेरी सत्संगति पाकर हुआ कल्याण बहुतों का,
जंगल में हुआ मंगल जहां था-वास भूतों का।
मेरा ‘मंगल’ भी कर देना मैं ‘शंकर’ गान करता हूं,
रहूं चाहे जहां जग में, मैं तेरा ही ध्यान करता हूं॥

❒

[99]

'महादेव' परमात्मा 'प्रिय'

'महादेव' परमात्मा 'प्रिय' सबको लग रहा,
उसके विधि विधान से संसार सारा चल रहा।
ईश देवों का भी देव है 'महादेव' कहलाता वह,
न्यायकारी है पिता सबको प्रिय लगता वह।।

विद्वानों का विद्वान भगवन सबके हृदय में बसा,
कोई नहीं उपकार से संसार में उसके बचा।
महापराक्रमेश्वर सर्वव्यापक भगवान को बंधु बना,
आनंद को पाना यदि भगवान को हृदय बसा।।

विष्णु भगवत्प्रेमियों का आनंदरस की खान है,
'महादेव' के साधक सभी वारते निज प्राण हैं।
परमात्मा 'प्रिय' हमें निःस्वार्थ अमृत बांटता,
मुक्तिदायक परमात्मा ही सबके बंधन काटता।।

स्तुतिकुशल विद्वान जन महादेव के साधक सभी,
ईश्वर के किसी काम में बनते नहीं बाधक कभी।
जागरूक-बुद्धिमान मानव प्रदीप्त करते हैं उसे,
जागरण कर दिव्य शक्ति-नित्य देखते हैं उसे।।

सभी पूर्ण करता कामना 'महादेव' 'प्रिय' है हमें,
उपासक हैं सभी उसके 'महादेव' ध्येय है हमें।
शिष्टों को प्रसन्न करता है-अधर्मी दंड पाते हैं,
जगत के महादेव-अभिलाषी आनंद मनाते हैं।।

❒

[100]

'स्वयंभू' 'कवि' और 'शिव'

'स्वयंभू' है 'कवि 'भी है 'शिव' कल्याणकारी है,
रचाता खेल सब जग का प्रभु न्यायकारी है।
आपसे आप ही बनता न कोई और उस जैसा,
करता काम वह जैसा करेगा कौन भला वैसा?

अखंड उसकी यज्ञ ज्योति प्रचंड हो रही रात दिन,
कल्याण में सबके लगा परमात्मा भी रात दिन।
'शिव' का उपासक देश मेरा साधना निमग्न है,
हर देशवासी भक्त उसकी उपासना में मग्न है।।

वेद विद्या का प्रसार करता उपदेष्टा भी वही,
सर्वगुणनिधान ईश्वर वेदवेत्ता 'कवि' भी वही।
आचार उत्तम जन जगत में प्यार पाते ईश का,
शुद्ध है आचार जिनका स्नेह मिले जगदीश का।।

आनंद स्रोत बहता जहां शिवलोक उसी को कहते हैं,
कल्याण का चिंतन जहां चले देव वहीं पर रहते हैं।
नहीं दूर-दूर तक भी चिंता प्रेम की नगरी होती है,
चिता जहां पर चिंता की नर्क की नगरी होती है।।

शिव चिंतन करके देखाकर आनंद बढ़ेगा मानस में,
'शिव-शिव' ही गायाकर आनंद मिलेगा मानस में।
'स्वयंभू' जगदीश्वर के 'कवि' बन गीत सुनाया कर,
कवि 'शिव' बन जाएगा हृदय में उसको पाया कर।।

❑❑❑